우리가 사랑하는
멸종 위기 동물들

우리가 사랑하는

멸종 위기 동물들

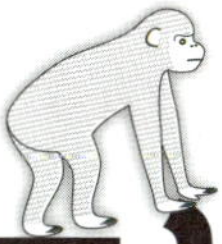

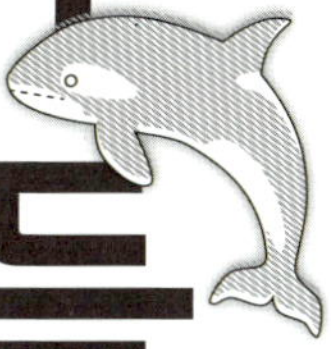

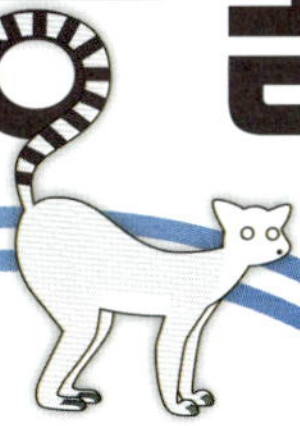

최종욱 지음 | **정다희** 그림

아름주니어

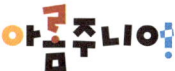

 ## 차례

1   얼음 위 고독한 뱃사공 **북극곰**   09

2   대나무 숲속의 큰 요정 **대왕판다**   20

3   숨 쉬는 폭주 기관차 **코뿔소**   31

4   신을 닮은 동물 **코끼리**   39

5   지상 최고의 달리기 선수 **치타**   49

6   나무 위의 저격수 **표범**   59

7   인간의 과거와 미래 **침팬지**   69

8   진정한 십장생 동물 **코끼리 육지 거북**   80

9   하쿠나 마타타! **알락꼬리여우원숭이**   91

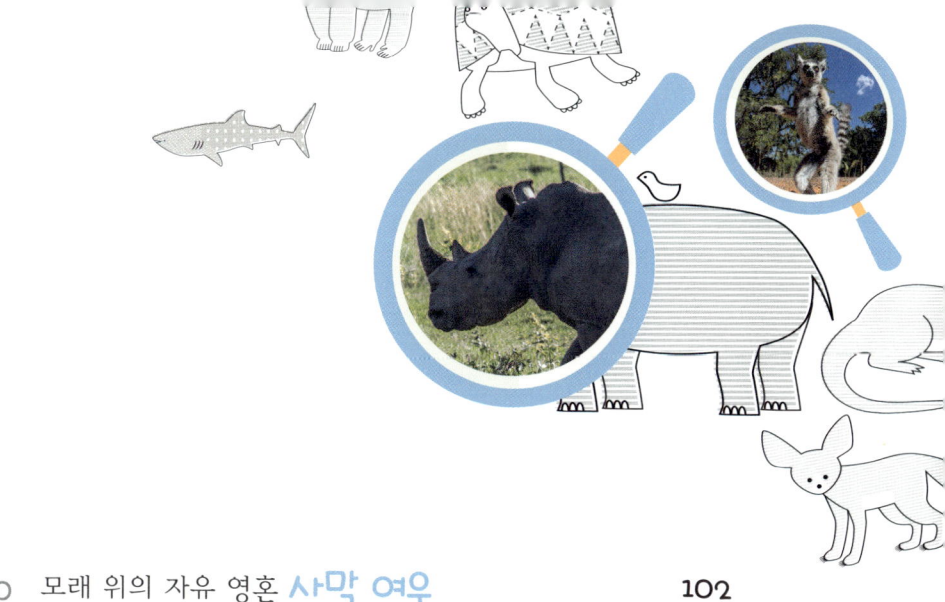

10	모래 위의 자유 영혼 **사막 여우**	102
11	파피루스 숲의 철학자 **주걱 부리 황새**	111
12	용가의 후예 **코모도왕도마뱀**	121
13	강호의 절대 강자 **수달**	133
14	고래를 꿈꾸는 **고래상어**	143
15	포세이돈의 현신 **범고래**	153
16	밀림 속 조용한 거인 **마운틴고릴라**	164
17	서글픈, 동물의 제왕 **호랑이**	174
18	인어의 슬픈 노래 **듀공**	186
	멸종 위기 동물들을 규정, 보호, 규제하는 국제기구들	196

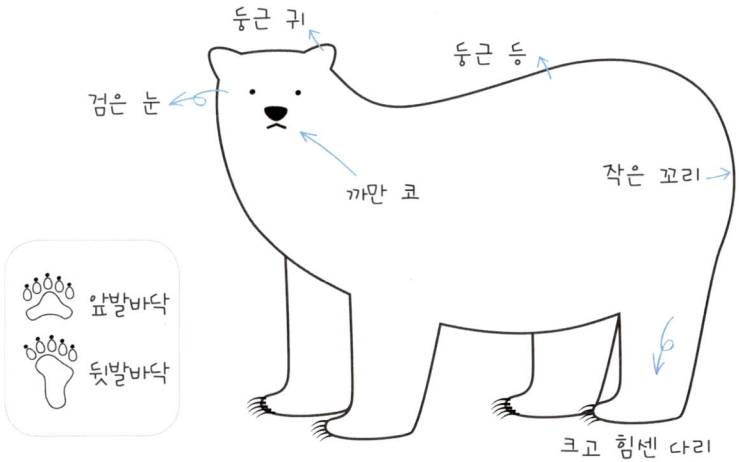

안녕, 난 북극곰이라고 해!

흔히 백곰이라고도 하고, 얼음 곰이라고도 불리지. 새하얀 털을 가지고 있다고 해서 하얗게 눈 덮인 북극을 상징하는 동물이기도 하고 말이야. 하루 종일 어두운 밤뿐인 겨울 북극에서 해

빙(海氷: 빙산을 비롯한 바닷물 위로 떠다니는 얼음층. sea ice) 위를 돌아다니며 바다에서 숨을 쉬기 위해 올라오는 물범들을 주로 사냥하면서 살고 있단다.

새끼는 2년~3년에 한 번씩, 아주 건강한 암컷만이 겨울 동안 얼음 굴속에 들어가 1, 2마리 새끼를 낳고 키워서 봄에 데리고 나온단다. 봄이 되어 서서히 얼음이 녹기 시작하면, 유빙을 타고 돌아다니면서 물고기를 잡아먹거나 육지로 올라와 사람들이 버린 음식물 찌꺼기 따위를 닥치는 대로 먹으면서 물범 사냥을 할 수 있는 겨울이 올 때까지 힘겹게 버티며 살고 있어. 그렇지만 아무래도 요번 겨울은 북극해가 마치 여름처럼 변해 버리는 바람에 버텨 내기가 여간 힘들지 않구나.

아, 참! 내가 영하 40도가 넘는 살인적인 추위를 기록하는 이 북극에서 어떻게 버티며 살아가는지, 궁금하지 않니?

그것은 바로 내 몸에 두텁게 난 털 때문에 가능한 거란다. 모든 북극곰은 바깥쪽과 안쪽이 다른 이중 털 구조야. 바깥쪽에 난 긴 털은 질기면서 털 하나하나가 가운데가 비어 있는, 마치 두꺼운 빨대 모양을 하고 있어. 이 털은 북극 찬바람과 찬 기운을 막아 주면서 체온을 유지하는 기능을 해. 그리고 안쪽 털은 기름을 머금은 두터운 솜이불 같아서, 방수 기능과 함께 체온

다정한 북극곰 가족

유지와 피부 보호 역할을 하지. 이런 이중 구조 털이 내 몸 머리부터 발바닥까지 아주 잘 발달해 있어. 마치 털옷을 입고 털장화를 신은 것처럼 말이야. 그렇지만 피부는 하얀 털과는 달리 검은색이란다. 이 검은색 피부는 두터운 피부 밑 지방층과 함께 태양열을 흡수하고 추위가 몸 안까지 스며드는 걸 차단하는 역할을 하지. 그리고 지방층은 낙타 등에 있는 혹처럼 수분과 영양분을 몸 안에 저장하는 기능까지 하고 있단다.

이런, 내 소개가 너무 길고 번거로운 거 아냐?

그런데 요새, 뭐 이런 경우가 다 있는지 모르겠어. 몇 백만 년 동안 꼼짝도 안하던 해빙이, 글쎄 해마다 점점 더 심하게 녹고 있지 뭐니!

그럼 어떻게 되느냐고? 내가 살고, 또 타고 다니면서 물범 사냥을 하는 해빙이라는 터전이 아예 없어져 버리는 거야. 이건 마치 해적에게 배가 없는 것과 마찬가지란 뜻이지. 난 곰이야! 물론 수영은 좀 하는 편이지만, 그렇다고 물고기처럼 만날 물속에서만 살 수는 없는 거잖아? 해빙이 사라진다는 건, 마치 나보고 고래처럼 물속에서 살든지 아니면 아예 물에 빠져 죽든지 둘 중 하나를 하라는 것과 같은 뜻이야.

어쩌다 이 지경이 되었느냐고? 과학자들 말로는 '지구 온난화' 때문이라고 해. 그러니까 사람들이 석유나 가스 같은 화석 연료를 자동차, 비행기, 공장, 가정에서 많이 쓰는데, 여기서 나온 온실가스(지구 대기를 오염시켜 온실 효과를 일으키는 가스를 통틀어 이르는 말. 이산화 탄소, 메탄 따위의 가스를 말한다.)가 대기 중에 머무는 것이 원인이라는 거야. 태양이 내보낸 에너지를 받아들인 지구는, 이 에너지를 지구 구석구석으로 순환시킨 다음 다시 우주로 내보내는 일을 해. 그런데 우주로 빠져나가야 할 이 에너지가 대기 중에 있는 온실가스에 막혀 지구로 되돌아오면서 평균 기온이 높아진다는 거야.

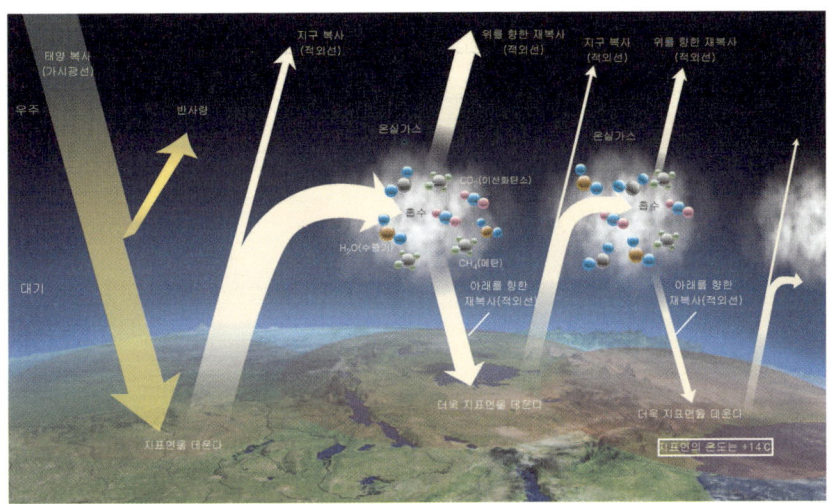

온실가스로 인해 태양열이 우주로 빠져 나가지 못하면서 지구 온난화가 일어난다. 지구 온난화로 북극의 빙하가 녹으면서 북극곰 서식지가 점점 줄어들고 있다.

또 하나, 사람들이 더위 속에서도 활동을 가능하게 만든 고마운 발명품이 있지? 맞아, 바로 에어컨이야. 그런데 이 에어컨은 프레온 가스를 냉매(冷媒; 냉동기 따위에서, 저온 물체에서 고온 물체로 열을 끌어가는 매체. 프레온, 암모니아, 이산화 황, 염화 메틸 따위가 있다.)로 사용하는데, 에어컨을 사용할 때 배출된 프레온 가스가 오존층을 파괴한다고 해. 그러면 어떻게 되겠어? 오존층에 구멍이 생기겠지? 오존층은 태양이 직접 뿜어내는 직사광선에서 지구를 보호하고 인체나 생물에 해로운 자외선을 흡수하는 기능을 하는데, 파괴된 구멍으로 태양의 직사광선이 그대로 들어오면 지구는 심각한 피해를 입게 되는 거야. 오존층 파괴도 북극의 얼음

층이 녹는 이유 중 하나인 거지. 에어컨뿐 아니라 스프레이, 냉장고 따위에도 프레온 가스를 쓰고 있어. 이런 모든 현상을 통틀어 '지구 온난화'라고 하는데, 이 거대한 현상에 나 같은 북극곰들이 목숨을 위협받고 있는 거야.

그럼, 어떻게 해야 하느냐고? 할 수 없지 뭐. 북극에서 사냥하는 걸 포기하고 사람들이 사는 따듯한 남쪽 육지로 내려가 먹이를 구하든지 하는 수밖에 없겠지. 즉 살려면 불쌍한 전쟁 난민처럼 동물 난민이 되어야 한다는 거야. 그렇게 살다 보면 차츰 북극곰의 상징 같은 하얀 털도 벗게 되겠지.

그렇다면 육지에서 마구 떠도는 우릴 사람들이 가만히 놔두겠어? 무서운 곰들이 몰려온다고 총을 들고 나서겠지? 어떡하겠어! 서로 살려면 전쟁을 할 수밖에. 결국 혼자 힘은 누구보다 세지만 단결력이나 무기 사용이 인간에 비해 형편없는 북극곰들이 그대로 당할 수밖에 없겠지. 비단 전쟁이 아니라 하더라도, 날씨가 따뜻해지면 우리 몸도 호르몬 같은 곳에서 교란이 일어나 새끼를 낳지 못하게 돼. 새로운 질병에 대한 면역력도 떨어지고, 각종 질병에 노출될 수밖에 없어. 그러면 우리는 더욱 멸종이 빨라지겠지. 이것은 북극곰뿐 아니라 전 세계 곳곳에 살고 있는 조류나 파충류, 양서류, 포유류 등 모든 동물들에게서 하루도 빠짐없이 일어나고 있는 현실이야.

탈것과 의복이 발달하다 보니, 이젠 사람들이 북극을 제집처럼 드나들어. 그 덕에, 뭐랄까? 마치 아프리카 사파리처럼, 북극곰들이 관광객들 눈요깃감 정도로 전락해 버린 것 같아. 사람은 언제나, 어느 곳에서나, 어떻게 해서라도 문제를 일으켜. 쓰레기를 버리고, 시

동물원에서 사람의 눈요깃거리가 되어 살고 있는 북극곰

끄럽게 굴고, 건물을 짓고, 길도 내면서 말이야. 조용하고 평화로운 북극곰들의 영역을 침범하는 거지. 북극곰은 사람과 친해질 수 없으니, 점점 더 사람을 피해 쫓겨 갈 수밖에 없고. 결국 북극해 끝까지 몰린 북극곰끼리 서로 죽자 사자 영역 다툼을 할 것이란 건 불 보듯 뻔해.

그러니까 이 모든 사건을 일으키는 원인 대부분이 바로 사람이라는 게 문제야. 그칠 줄 모르는 욕망에, 돈이 된다면 무엇이든 가리지 않고 덤비는 족속들이니까. 돈의 노예가 된 사람은 미래도, 후손도, 자연도, 지구도, 한 치 앞도 보지 못한 채 어리석은 짓들을 서슴없이 하는 거지.

동물원에 갇혀 있는 북극곰을 빼고 나면 야생에는 몇 마리나 남아 있을 것 같니? 넉넉잡아 1,000마리 정도야. 이 정도면 앞으로 50년을 버티기가 힘들 거야. 동물원에서 새끼라도 많이 낳아 자연으로 되돌리면 좋겠지? 하지만 불행하게도 멸종 위기 동물 대부분은 갇혀 있는 환경에서는 새끼 낳기를 거부하는 경향이 있기 때문에, 그 수는 좀처럼 늘지가 않아. 이러니 또 동물원은 야생에서 새끼 북극곰을 잡아 부족한 수를 채우려고 하고, 이에 호응하는 불법 밀렵 사업이 성행하게 되는 거지. 어미는 사나우니 죽여 버리고 얌전한 새끼만 데려다 키우면서 이용하다, 다 크면 그냥 동물원 전시용으로 평생을 습하고 좁은 곳에다 가두어 버리는 거야.

그렇다고 사람이 꼭 나쁜 짓만 하는 것도 아니야. 동물원에서는 개체 수가 늘면 자연으로 다시 되돌려 보내기도 해. 또 멸종 위기 동물로 지정해서 국제기구(ICUN, WWF, CITES) 차원에서 법과 단체를 만들어 범세계적으로 보호하려고도 하지. 하지만 사람 얼굴이 모두 다르듯 저마다 생각이나 행동이 다 똑같은 건 아니야. 국제법 따위 위반 좀 한다고 해서 누가 감옥에 보내는 것도 아니라는 생각 때문인지, 그다지 협조적이지는 않은가 봐.

내가 바라는 건 오직 하나뿐이야. "제발 우리 북극곰을 원래 살던 모습 그대로 살게 내버려 두라는 것!" 사람에 쫓겨 지구

끝까지 왔고, 더 달아날 곳이라곤 바닷속에 풍덩 빠져 죽는 것밖에 없으니, 그러니 제발 부탁하노니, 살려 줘! 이제 몇 남지도 않았잖아? 그리고 북극은 춥고 메마른 눈 사막 땅이니, 사람 살기에도 별로 좋은 곳이 아니잖아? 사람들은 좀 더 남쪽, 따뜻하고 너른 땅에서 살고, 우리는 살던 그대로 조용히 살 수 있게 좀 놔두라는 것뿐이야.

Tip

북극곰
polar bear

학명 Ursus maritimus

분류 척추동물 〉 포유강 〉 식육목 〉 곰과 〉 큰곰 속

멸종 위기 등급 IUCN Red List 취약(VU), CITES 부속서 Ⅱ

야생 개체 수 약 1,000마리

사는 곳 북극해 주변 (그린란드, 스발바르, 시베리아, 알래스카, 뉴펀들랜드, 베링 해)

※ 덴마크와 노르웨이, 러시아, 미국, 캐나다 5개국은 1973년 '북극곰 보존에 관한 협약'을 체결하고 북극곰의 보존을 위해 협력

수명 약 25년

먹이 주요 먹이는 물범

출산 임신 기간은 약 240일~270일로, 겨울에 1마리~4마리(보통 2마리) 낳는다. 눈 굴속에서 출산 및 초기 육아를 한다.

Quiz

1. 북극곰도 겨울잠을 잘까?

잔다. 모든 북극곰이 그런 건 아니고, 사냥할 거리가 없는 곳의 북극곰 그리고 임신한 암컷들은 겨울에 눈 굴속에 들어가 3개월 이상을 지내며 출산과 양육을 한다. 여름에 먹을 것이 없는 북극곰이 힘없이 걸어 다니는 걸 두고 '걸어 다니는 동면'이라 부르기도 한다.

2. 북극곰의 피부 색깔은?

털 색깔은 하얗지만, 속에 있는 피부색은 검은색이다. 열을 흡수하는 색이라고 한다.

3. 북극곰의 주요 사냥 방법은?

해빙을 타고 다니며 물범이 숨 쉬려고 올라오는 얼음 구멍 위에서 조용히 기다렸다가 물범이 고개를 내밀 때 재빨리 앞발로 쳐서 잡거나, 얼음 위로 올라온 물범을 몰래 다가가 덮쳐 잡는다.

　누군가에게 눈두덩을 주먹으로 한 대 얻어맞은 것처럼 생긴 동물, 알지? 그래, 바로 나야. 판다. 그것도 대왕판다. 영어 좀 하는 사람들이 팬더라고 부르는 바람에 흑 표범을 뜻하는 팬서(panther)와 뒤섞여서 불리지만, 나는 판다야. 너희들이 귀여워서 죽고 못 사는 동물 1순위! 인형도 많고, 캐릭터 상품도 엄청 많지. '세계 자연 기금(World Wide Fund for Nature)'의 상징 동물이기도 하고 말이야.

그런데 이런 유명 배우에 버금가는 내가 말이야, 사실 세계 멸종 위기 동물 중 하나라는 것은 알고 있니?

나를 비롯한 내 종족이 사는 곳은 중국이야. 그것도 주요 먹이인 대나무가 풍부하고 날씨가 1년 내내 서늘한 산악 지대에 한정되어 있어. 우리가 주로 사는 곳은 중국의 쓰촨성(쓰촨 대왕판다 서식지는 세계 문화유산으로 지정)과 청하이성, 후난성 그리고 티베트 동부의 1,800~4,000m 높이의 산속이야. 기후 변화도 그다지 심하지 않고 안개나 구름이 늘 깔려 있어 습기가 많으며, 가파른 경사 지대의 숲이 우리가 사는 터전이지. 예전에는 이 숲속에서 은둔 고승들처럼 유유자적하며 야생으로 살았어. 하지만 지금 판다를 야생 동물이라 부르기는 어려워. 사람들에게 보호 받으면서 반야생 상태로 겨우 종족을 잇는 반쪽짜리 삶을 살고 있으니까 말이야.

현재 판다는 전 세계에서 2000마리 정도가 살고 있어. 그렇지만 엄밀히 말해, 판다는 야생 동물도 아니고 가축도 아니야. 중국이 국가 차원에서 보호하는 동물이니까. 즉 세계 각국에 판다를 빌려주는 대가로 벌어들이는 외화가 쏠쏠하니, 중국 정부는 돈을 들여서라도 보호할 가치가 있다고 생각한 거야. 전 세계 사람들이 희귀하기도 하고, 생김새 또한 너무 귀여운 우리를 보고 아주 자지러지니까 말이지.

원래 우린 서늘한 고산 지대의 대나무 숲에서 살았어. 호랑이 같은 천적들이나 사람들 눈이 닿지 않는 곳 말이야. 그곳에서 우리는 마치 신선인 양 대나무 가지와 잎을 주로 먹으면서 아주 작은 가족 단위로, 그야말로 오손도손 평화롭고 예쁘게 살았지. 그런데 신선놀음에 도끼 자루 썩는 줄 모른다고, 주로 먹는 것이 대나무 가지와 잎으로 워낙 부실하다보니 움직임도 코알라 나무늘보처럼 느려졌어. 뿐만 아니라 이 큰 덩치에 새끼는 겨우 한두 마리씩만 낳아 키워. 그러니 찾기도 어렵고, 누가 일부러 험한 산을 올라 찾지 않으면 우리가 살고 있는지조차 모를 지경이었으니, 우린 오랫동안 누구의 간섭도 받지 않고 우리 방식대로 살아왔단다.

그런데 언제부턴가 중국 정부가 갑자기 우리에게 관심을 갖기 시작하더니, 뭐 국가의 상징 동물이라나, 뭐라나 하면서 관리를 한답시고 설쳐대기 시작했단다. 그런데 이건 마치 전쟁 포로처럼 약간의 방목장이 있는 동물원 같은 데에 데려다 놓고는, 가축처럼 억지로 인공 번식을 시키더니 다른 곳에다 팔아먹는 짓 따위를 하고 있어. 야생 동물들은 오랜 진화를 거쳐 특정한 환

대왕판다가 살고 있는 주요 동물원. 중국은 판다를 외교 수단으로 이용하고 있다.

경에 적응한 동물들이야. 어떻게든 인간의 간섭을 받기 시작하면, 언젠가는 원래 살던 곳에서 더 이상 살지 못하게 돼. 그렇게 되면 멸종하거나, 아니면 강제로 인간의 보호 아래에서 구차하게 삶을 연명하는 길밖에 없겠지.

사람들은 우리를 돈벌이뿐 아니라 심지어 자신들을 위한 치졸한 정치나 외교에도 써먹고 있어. 그래서 우리를 흔히 말해 '정치 동물'이라는 그다지 좋지 않은 별명으로 부르기도 한단다. 중국은 다른 강대국과 외교 관계를 수립할 때 우리를 끼워 넣어 주는 걸로 자신이 호의를 충분히 베풀었다고 생각하거든. 우리가 무슨 물건이니? 선물로 주고받고 하게? 그래서 우리는 중국과 외교 관계를 맺은 나라마다, 예를 들어 미국이나 캐나다, 일본 등 낯선 나라 동물원에서 한두 마리씩 눈요깃감이 되어 억지로 살고 있는 거야. 우리가 애완동물도 아니고, 중국 사람들이 멋대로 정한 보호 구역에서만 사는 것도 억울한데, 그마저 낯선 나라, 낯선 환경 속에서 살아야 하는 거야. 뿐만 아니라 짝이 마음에 들든 안 들든 한두 마리만 좁은 우리 안에 구겨 넣어진 채 겨우 판다라는 구색으로 전시당하는, 외국에 팔려 나간 우리 판다들의 운명은 얼마나 더 가혹하겠니?

이렇게 사람들이 인위적으로 보호를 열심히 한다 해도, 우린 야생에서 자유롭게 살 때보다 오히려 점점 더 살아 있는 마릿수가 줄어들고 있어. 결국 중국 정부는 사람이나 가축한테 쓰는 인공 수정 기술까지 도입해 우리 마릿수를 늘리려고 안간힘을 쓰고 있는 실정이야.

물론 우리라고 멸종되기를 바라겠니? 다만 우리가 매우 예민해서, 작은 자극에도 스트레스를 받아 큰 병에 걸리거나 번식을 위한 생식 활동 자체를 아예 중단해 버린단다. 이 또한 우리만의 고유한 순수성을 간직한 채 지금까지 살아 온 비결이기도 하지만 말이야. 그런데 사람들은 우리가 저항하지 않고 자기들을 잘 따른다고 착각하면서 마치 자기들이 부모인 양 우쭐해 하며 우리를 돌봐 줘야 할 연약한 애완동물이나 어린아이쯤으로 취급하는 거지.

그런데 말이야, 우리 뭐랄까? 마치 우리 눈가에 그려진 검은 반점 무늬마냥, 누가 먼저 한 대 때리고 나서 치료해 준다고 병원으로 데려가는 그런 꼴을 당하

대나무 잎을 먹는 판다

고 사는 것 같아. 흔히 말하는 "병 주고 약 준다."는 속담처럼. 만약에 150년 전 우릴 처음 발견했을 때, 원래 사는 모습 그대로 가만히 놔두고 학자들이나 방송국에서 연구나 자료 보존을 위해 살짝 드나들거나, 외부 사람 출입을 금지하는 보호 조치를 해 주었다면 지금처럼 멸종 위기로까지 내몰리지는 않았을 거야. 또 굳이 직접 모습을 보진 못하더라도 '신비한 동물 판다가 살고 있는 중국' 이렇게 중국 전체가 판다의 나라인 양 멋진 환상을 세계인들에게 심어 줄 수도 있었을 텐데 말이야. 왜 사람들은 굳이 실물을 눈으로 직접 보고 만져 봐야 직성이 풀리는지 모르겠어. 우린 그런 욕심 많은 사람들을 도저히 이해할 수가 없어. 자기들은 실체도 없는 추상적인 국가나 정치, 이념 같

은 걸 만들어 거기에다 목숨을 걸기까지 하면서 말이야.

이렇게 인위적으로 간섭하고, 좁은 곳에 가두어 기르다 보면 전혀 예기치 못한 사건들이 일어나기도 해. 가령 쓰촨성에서 일어났던 대지진 같은 거 말이야. 대지진 때는 사람들도 많이 죽었지만 우리 판다들도 큰 피해를 입었어. 중국 당국이 쉬쉬하면서 감추는 바람에 정확히 밝혀지지는 않았지만, 아마 많은 판다들이 이 세상에서 사라졌을 거야.

자신들에게는 없는 능력이니 사람들은 믿거나 말거나 하겠지만, 동물들은 어느 정도 대자연에 대한 예측 능력이 있어. 이것을 육감이라고 부르기도 하지. 동물들은 주변 환경이 변하거나 예기치 않은 위험이 닥칠 것 같으면 갑자기 불안해지면서 어디론가 피해야 한다는 본능을 온몸으로 느껴. 그래서 주로 높고 광활한 곳으로 피신을 하지. 우리가 대자연에 야생 그대로 살고 있었다면, 현재 겪고 있는 것보다 훨씬 더 피해가 적었을 거야.

지금 한국의 한 동물원에는 우리 판다 두 마리가 살고 있어. 그들은 마치 귀한 손님마냥 호텔 같은 동물사에서 다른 동물들과 비교도 할 수 없는 대접을 받으며 살고 있지. 물론 우리도 해외여행하고 해외 좋은 곳에서 잠깐 머무는 것까지는 좋아. 하지만 그곳에 갇혀서 영원히 수많은 사람들의 눈요깃감으로 산다

나무 위에서 함께 놀고 있는 어린 판다

는 것은 결코 즐거운 일이 아니야. 너희들도 입장을 바꿔 생각해 봐. 정말 끔찍한 일 아니겠어!

제발 우리를 사람들을 위한 정치에 이용하지 말고, 우리가 사는 곳을 보호해 주고 그냥 가만히 놓아줬으면 좋겠어. 그럼 우리도 가끔 사람들이 몰래 조용히 찾아오면 모른 척하면서 우리가 사는 모습을 조금씩 보여주기도 하고 친해지기도 할 텐데 말이야. 바로 너희들이 요즘 좋아하는 '신비주의' 같은 그런 걸로 갔으면 좋겠어.

지구상에 하나쯤 정말 특이하고 멋진 동물이 살고 있는 아주 깊고 깊은 숲속 왕국이 있고 그걸 평생 한번 찾아가 보는 게 모두의 버킷 리스트(죽기 전에 평생 꼭 한 번 해 보고 싶은 일의 목록)라면 사람들도 꿈을 간직할 수 있어서 좋고, 우리 판다들도 평안을 누릴 수 있어 좋을 텐데 말이야. 아무튼 서로 잘 좀 해 보자고!

아, 참! 혹시 우리 판다는 손가락이 6개인 것 알고 있니? 사람들이나 원숭이, 곰들의 손·발가락 개수는 모두 5개씩이지만 판다는 손바닥 끝에 엄지 역할을 하는 손가락이 하나 더 돌기처럼 볼록 나와 있어. 다른 손가락처럼 뼈대가 다 완성되어 있지 않고 기초 뼈대만 있지. 굳이 분류하자면 혹이나 군살 같은 거라고 해도 괜찮아.

그 손가락은 우리가 대나무 줄기를 먹을 때, 바로 그 줄기를 미끄러지지 않게 단단히 쥐는 역할을 한단다. 그래서 판다나 래서판다의 6번째 손가락은 진화 유전학에서 아주 중요한 증거 자료로 쓰이기도 한다고 해. 특별히 상식으로 알아도 좋을 거야. 이처럼 모든 동물은 저마다의 고유하고 신비한 특징들을 한두 개씩은 다 가지고 있어. 그래서 그들이 더욱 소중한 거야.

Tip

대왕판다
Giant panda

학명 Ailuropoda melanoleuca

분류 척추동물 〉 포유강 〉 식육목 〉 곰과

멸종 위기 등급 IUCN Red List 취약(VU), CITES 부속서 I

야생 개체 수 약 1,000마리(동물원까지 2,000마리)

사는 곳 중국 중서부 산악 지대의 혼합 활엽수림

※ 중국 중서부 쓰촨성과 산시성, 간쑤성 지역의 여섯 개 산맥에 있는 약 20여 개의 좁은 대나무 숲에만 서식한다. 그중 가장 많은 개체가 서식하는 곳은 민산 산맥과 친링 산맥 등으로, 대왕판다가 많이 살고 있는 야생 지역은 중국 정부에 의해서 자연 보호구로 지정되어 있다.

수명 약 30년(동물원에서 37년이 최장 기록)

먹이 주요 먹이는 대나무

출산 임신 기간은 약 95일~160일(8~9개월)로 새끼는 1마리 낳는다.

※ 중국을 상징하는 동물이자 멸종 위기의 보호 대상 동물인 판다는 1869년에 다시 발견되기 전까지는 고대의 화석으로만 남아 있던 신비 동물이었다.

Quiz

1. 대왕판다의 먹이는?

동물원에서는 과일, 채소 등을 곁들여 먹기도 하지만 야생에서의 주요 먹이는 각종 대나무의 죽순과 잎사귀, 가지를 하루 종일 먹는다.

2. 대왕판다의 손바닥 가에 나 있는 6번째 손가락이 하는 주요 역할은?

미끄러운 대나무 가지를 꽉 틀어쥐는 역할을 하며 가짜 엄지라고도 부른다. 판다와 비슷한 습성과 모양을 한 래서판다에게도 있다.

3. 판다의 털 중에서 검은색이 몰려 있는 곳은?

눈 주위, 귀, 앞다리, 뒷다리.

숨 쉬는 폭주 기관차
r h i n o
코뿔소

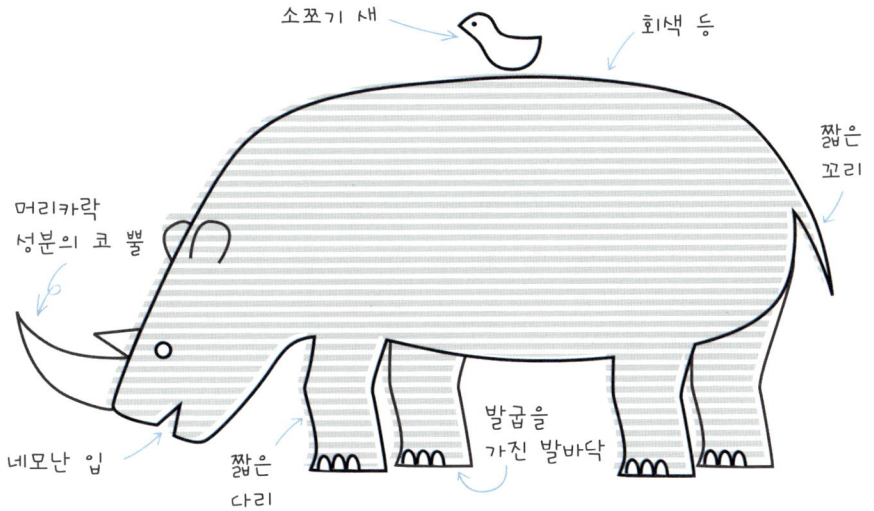

 코뿔소 하면, 누구나 강인한 몸통과 함께 특히 코끝에 난 화살촉 같은 멋진 뿔을 떠올리지. 그런데 지금 내 코에는 뿔이 없어. 그 이유를 넌 아니? 그건 바로 일부 나쁜 사람들의 욕심 때문이야. 밀렵꾼이라 불리는 사람 무리는 날 총으로 쏘고는 몸통

은 내버려 둔 채, 한 줌 무게밖에 안 나가는 뿔만 떼어 갔단다. 차라리 식량을 위해 사냥하는 거라면 세상은 약육강식이니 어쩔 수 없다 한탄하며 운명이라 체념하겠어. 하지만 세상에 2톤이 더 나가는 내 몸 중에 1000분의 1도 안 되는 이 조그만 뿔 때문에 소중한 목숨을 앗아가다니! 그러고도 사람은 스스로를 감히 만물의 영장이라고 부를 자격이 있을까? 내가 보기엔 총 뒤에 숨은 비겁한 만물의 학살자일 뿐이야!

우리 코뿔소는 인류가 이 땅에 모습을 드러내기 수십만 년 전부터 전 세계에 걸쳐 수많은 종에 수만 마리가 넘게 살고 있었지. 그러던 코뿔소가 사람들의 잔인한 학살로 야생에서는 겨우 5종(흰·검은·자바·수마트라·인도 코뿔소)에 각기 몇 천 마리에서 몇십 마리(수마트라 코뿔소는 100마리 미만) 정도만 살아남게 된 거야. 겨우 코뿔소라는 명맥만 유지한 채 살아가고 있어.

솔직히 말해, 우리 코뿔소들은 이렇게 다른 종의 감시와 위협 아래 더 이상 지구라는 행성에서 살고 싶지가 않아. 늘 체념과 두려움 속에 사느니, 차라리 후손을 남기는 번식 활동마저 포기하고 싶은 심정이란다.

그런데 왜 사람들은 우리 코에 난 뿔을 그렇게 탐내는 것일까? 우스운 것은, 그 이유라는 것이 얼토당토않아. 남자의 정력에 좋다나, 뭐라나! 이런 이유라면 차라리 몰랐으면 좋았을 걸. 정말 너무하는 거 아니야? 사람답게 잘 먹고 잘 살면 되었지, 이런 말도 안 되는 이유로 우리 코에 난 뿔을

아프리카 야생 동물 사냥 클럽 광고

먹기 위해 멸종 상태까지 몰아간다는 게.

판다가 '세계 자연 기금(WWF)'의 상징 동물인 것처럼, 우리 또한 '유럽 멸종 위기종 프로그램(European Endangered Species Programmes)'의 상징 동물이기도 해. 그만큼 멸종 위기에 빠진 동물이라는 뜻이야. 육지가 6개 대륙으로 나뉘기 전에는 굳이 아시아·아프리카 코뿔소라고 나눌 필요도 없이, 우린 그냥 같은 종이었어. 빙하기 때에는 매머드처럼 온몸에 털도 많이 난 털 코뿔소가 한반도에도 많이 살았었다고 해. 그러다가 추위를 피해 따뜻한 남쪽으로 차츰 옮겨 가면서 지금의 아프리카나 아시아 열대 지방에서 여러 종으로 나뉘어 살게 된 거지. 그런데 이상한 건 아프리카 코뿔소는 뿔이 두 개씩 자라고, 아시아 코뿔소는 대개가 한 개씩이야. 이 뿔은 겉으로는 우리를 힘세고

아프리카 코뿔소

용맹스럽게 보일 뿐 아니라 싸울 때에도 주요 무기로 쓰여. 성분은 머리카락과 같은 단백질이고, 그 속에는 신경이나 혈관이 없기 때문에 사고로 떨어져 나가거나 싸우다 좀 훼손이 되더라도 별로 아프진 않아. 떨어진 뿔은 이내 다시 자라기도 하고 말이야.

이런 이유로 우리를 보호하려는 사람들은, 밀렵꾼의 주 목적은 뿔이니 차라리 잘라 없애버리면 될 거라는 극단적인 생각을 하기도 해. 때문에 일부러 우릴 마취시키고는 뿔을 미리 잘라버리지. 비록 적은 수라도 우리가 지구상에 아직까지 남아 있는 건 이런 작은 노력들 덕분이라고 할 수 있을 거야. 그런데 말이야, 만약에 이런 일이 여러분에게서 일어난다면 어떤 느낌이 들

아시아 코뿔소

까? 나쁜 사람들이 여러분을 못 잡아가도록 일부러 머리카락을 다 밀고 바보처럼 살아야 한다면 말이야. 이건 박보검을 골룸으로 만드는 성형 수술이라고 할 수 있지 않을까? 이렇게 말도 안 되는 비극적인 상황에 우린 빠져 있어.

 자존심 하면, 바로 코뿔소지! 누가 둘째가라면 서럽다 할 것이야. 옛날 아프리카나 인도 대륙에 철도를 놓을 때도 달려오는 증기 기관차에 우린 과감하게 뛰어들기도 했어. 기차를 적으로 생각한 건 잘못이지만 그만큼 우리 영토에 다른 녀석들을 아무도 들이고 싶지 않다는, 몸을 내던진 저항 정신이기도 한 거야. 그래서 사자나 표범 따위 녀석들도 우리를 감히 어쩌지 못하는 거지.

사람들은 우리를 '폭주 기관차' 또는 '최강의 초식 동물'이라고까지 부르면서 두려워 해. 이런 우리가 야생에서 커다란 고통 속에서 멸종 위기로까지 내몰린 채 동물원에서나마 겨우 명맥을 유지하다니! 이젠 죽어서도, 기차에 부딪쳐 온몸을 산산조각 내면서까지 우리 영토를 지키려 했던 조상들을 볼 낯조차 없어져 버렸어!

Tip

코뿔소
rhino

학명 Rhinocerotidae

분류 척추동물 〉 포유강 〉 말목 〉 코뿔솟과 〉 코뿔소 속 (4속 5종)

멸종 위기 등급 IUCN Red List 취약 ~ 위기(NT, VU, CR-검은·수마트라·자바 코뿔소), CITES 부속서 I (아프리카 일부 지역 흰 코뿔소는 부속서 II)

야생 개체 수 흰 코뿔소 측정 불가 (검은 코뿔소 5,000, 수마트라 100, 자바 63마리 정도)

사는 곳 아시아 열대 지방, 아프리카 동남부

수명 약 40년

먹이 초식(풀이 주식, 나뭇잎, 과일, 나뭇가지)

출산 임신 기간은 630일~660일 정도로, 한 번에 보통 1마리 낳는다.

Quiz

1. 아시아 코뿔소와 아프리카 코뿔소의 차이는?

아시아 코뿔소는 가죽에 혹과 주름이 많고 코 뿔이 하나인 반면 아프리카 코뿔소는 덩치가 더 크고 피부에 주름이 없이 팽팽하고 코 뿔이 두 개 달렸다. 그러나 극멸종 위기인 아시아 수마트라 코뿔소의 경우는 코 뿔도 두 개이고 몸에 털도 많이 나 있다.

2. 코뿔소는 말목(기제류)일까, 소목(우제류) 일까?

이름은 소지만 말목이다. 말목은 발가락이 홀수이며, 위가 하나이고 되새김질을 하지 않는다. 반면 '강의 말'이라 부르는 하마는 솟과 동물이다.

3. 코뿔소 뿔은 자르면 다시 자랄까?

머리카락 같은 케라틴 단백질이 주성분으로 되어 있어, 언제든 머리카락이나 손톱처럼 다시 자란다. 그래서 밀렵을 피하기 위해 일부러 주기적으로 잘라 주기도 한다.

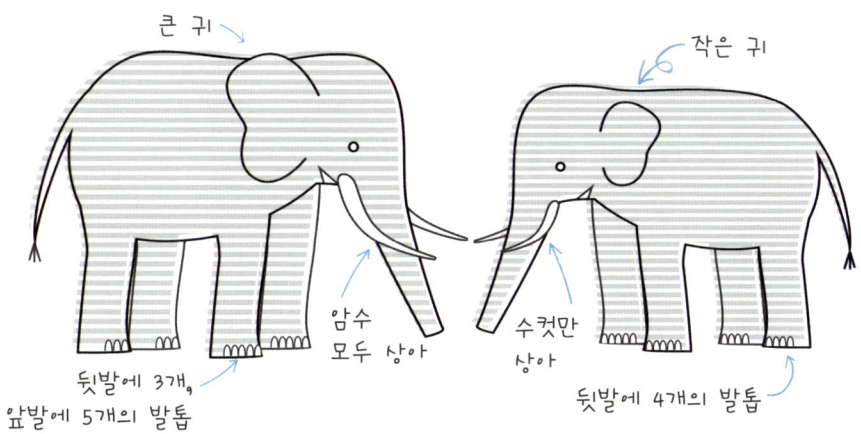

아프리카코끼리(왼쪽)와 아시아코끼리 비교

코끼리도 멸종 위기 동물이라니 믿어지니? 하지만 우린 1급 멸종 위기 동물 확실히 맞아! 왜냐고? 이것 또한 사람 때문이지. 우린, 우리 몸집만큼 비례하는 넓은 영토가 필요해. 그런데 사람이 우리 영토를 포위하고 차츰 침범하기 시작하더니, 마침

내 우릴 보호구라는 좁은 곳으로 몰아넣었지.

보호구! 얼핏 듣기에 좋은 이름이지. 하지만 울타리 넓은 동물원일 뿐이야. 간혹 성깔을 부려 울타리를 부수고 넘어간 코끼리들이 몇몇 있었는데, 그 너머는 바로 사람들이 제멋대로 그어 놓은 자기네 땅이었어. 당연히 그 코끼리들은 적으로 간주되어 처참한 죽임을 당해야만 했지. 물론 그 코끼리들에게도 잘못이 조금은 있다고 생각해. 함부로 남의 땅에 뛰어 들어갔고, 집도 몇 채 부수고 했으니까 말이야. 그렇지만 원래 그 땅은 우리가 대대로 살아오던 땅이었어. 사람들이 그어 놓은 울타리가 뭔지 알기나 했겠니? 그냥 넘치는 기운에 우쭐했을 뿐이고, 하필이면 거기에 사람이 터를 잡고 살았을 뿐이야. 자기네들 마음대로 땅바닥에 금 긋듯 경계를 지어 놓고는 여길 넘어오면 죽이겠다니! 사람들이야 알아듣겠지만, 우리가 그걸 이해할 수 있을 거라고 진정으로 생각하니? 설령 바로 알았다 하더라도 너희 같으면 가끔, 정말 억울하기도 하고 때론 반항이라도 하고 싶은 생각이 들지 않을까?

그렇다고 이런 일들이 꼭 울타리 밖에서만 일어나는 것은 아니야. 울타리 안에서도 밀렵꾼들이 끊임없이 우리를 괴롭히고 있어. 그들은 코뿔소처럼 우리 몸 중에 아주 작은 일부분만을 원해. 그건 바로 '상아(ivory: 코끼리의 엄니)'야.

상아로 만든 나팔(왼쪽)과 조각품. 상아는 부와 권력의 상징이다.

 상아는 코끼리 이빨이기도 하지만 싸울 때는 무기가 되고, 쉴 때는 무겁고 긴 코를 올려놓기도 하며, 땅을 파는 데에도 쓰이는, 아주 유용한 다목적 도구 노릇을 한단다. 그런데 일부 사람들은 상아에 대한 그릇된 믿음이 있어. 자연이 낳은 매우 단단하면서도 거대한 상아가 바로 자신들의 위엄을 강조할 수 있다고 여기는 거지. 그래서 상아를 도장이나 장식품 따위로 사용하면 부와 권력을 쥘 수 있다고 생각하는 거야. 이런 지극히 비과학적인 믿음 때문에 코끼리의 자존심이자 생명인 상아가 도리어 코끼리를 죽음으로 이끄는 원인이 되고 있단다.

 세상에! 몸집에 비해 1/1000도 안 되는 상아 때문에 우리가 목숨까지 바쳐야 하다니! 여러분 상식으로는 이해가 돼? 이건 바로 사람만이 저지를 수 있는, 수없이 많은 나쁜 일 중 하나일 뿐이야. 그나마 우리를 보호하려는 몇 안 되는 사람들은 코뿔소 뿔의 경우처럼, 아예 상아 자체를 잘라 없애 버리기도 한단다. 상아가 없으면 밀렵도 없다고, 좋은 쪽으로 생각은 들지만 글쎄……. 사자에게서 이빨과 발톱을 모두 뽑아 버린 것과 무엇이 다를까?

코끼리는 크게 아시아, 아프리카 두 종으로 나뉘어. 아프리카코끼리는 숲속에 사는 작은 숲 코끼리 종이 하나 더 있다고 따로 분류하기도 하지만, 흔히 이렇게 둘로 나눈단다. 이들이 멸종 위기에 빠져 있는 사정은 어디나 마찬가지야. 아시아코끼리는 사람을 태우고 일을 하거나 공연장에서 쇼를 하면서 겨우 살아가고 있고, 아프리카코끼리는 보호구 내에서 볼거리 또는 관광용에 이용되며 간신히 목숨만 유지하는 처지지.

우리도 자연에서 평화롭게 살고 싶지만, 돈을 못 벌면 보호도 없단다. 이것은 돈의 노예인 사람들의 원초적인 생각이거든. 진심으로 우리를 보호해 주려 한다면, 강대국들이 저개발 국가가 많은 아프리카에서 자원을 착취하는 것보다 인도적 지원을 하는 노력들이 필요해. 당장 굶주리고 가난한 사람들이 굳이 식량도 안 되는 우리 같은 야생 동물들에게까지 관심을 둘 여유 따위가 있겠니? 우리 또한 맞닥뜨린 현실이 그들과 다르지 않으니, 동변상련이라고나 할까? 어쩔 수 없이 밀렵하는 사람들만 마냥 미

아프리카코끼리 가족. 몸집이 크고 사납다.

워할 수는 없어.

  심지어 과거에는 우리가 전쟁 무기로 쓰이기까지 했어. 요즘의 탱크처럼 말이야. 기원전 로마와 아프리카 북쪽에 있던 카르타고가 벌인 포에니 전쟁 때는 카르타고의 장군 한니발이 아프리카코끼리를 길들여서 전장에 내보냈다고 해. 아무튼 인간은 대단해! 어떻게 그 사나운 아프리카코끼리를 길들였고, 또 그보다 더 험하고 눈 덮인 알프스 산맥을 넘어 전진했는지! 지금 우리로서는 상상조차 할 수 없는 일들을 해낸 사람들에게 경의를 보내고도 싶지만, 그보다 동물 학대는 얼마나 심했을까 하는 생각이 먼저 들어.

　아시아코끼리는 이보다 훨씬 더 정도가 심했어. 동남아 작은 나라들의 끊임없는 전쟁에는 반드시 아시아코끼리가 동원되었고, 동원된 코끼리들은 수많은 화살과 창칼 세례를 온몸에 맞아 가면서 결국 고통 속에서 최후를 맞이했지. 그런데 왜 사람은 자기들 전쟁에 애먼 말이나 코끼리를 동원해 그토록 많은 희생을 시켜야 했는지, 한번 묻고 싶어!

　코끼리 역사는 인간사에서 식민지 백성과 아주 닮았다고 할 수 있어. 저항하는 코끼리는 본보기로 동료들이 보는 가운데 처참하게 살해되었지. 코끼리는 영리하기 때문에 다른 동물들보다 상대적으로 길들이기 쉬웠다고 해. 영리한 만큼 한 번 복종당하면 야성도 잃어버리기 쉬웠을 테지. 차라리 미련했더라면, 두려움 따위는 금방 잊어버리고 또 저항하고, 저항하고 했을 텐데 말이야.

　사람들은 코끼리에게 두려움이라는 것을 본능으로 심기 위해 새끼가 보는 앞에서 어미를 죽였다고도 하지. 어렸을 때부터 사람에 대한 두려움을 깨닫고 복종하도록 말이야. 그러나 코끼리 또한 사람처럼 늘 두려워만 하는 것이 아니라 분노할 수도 복수심도 품을 수 있단다. 자라서 코끼리가 큰 힘을 갖게 되면 사람에게 분노심을 나타내거나 복수를 할 수도 있는 거야. 가끔 동

아시아코끼리. 아프리카코끼리에 비해 몸집이 작고 온순하다.

물원이나 코끼리 공연장에서 식구처럼 잘 지내던 사육사나 조련사들이 코끼리에게 이유 없는 죽임을 당하는 것은 이런 일이 원인일지도 몰라.

현재 우리 야생 코끼리들에게서는 퇴행적 변화들이 나타나고 있어. 아시아·아프리카코끼리 중 일부 수컷들은 아예 상아가 자라지 않고, 아프리카코끼리는 체구가 점점 작아지는 현상이지. 환경이 자유로운 삶을 받쳐 주지 못하면 사람이든 동물이든 멸종하거나 아니면 퇴화할 수밖에 없단다. 활개 칠 공간이 줄어드니 자연 몸은 위축되어 작아지는 것이고, 경쟁 상대마저 없으니 상아는 무용지물로 자라지 않는 거지.

　이 비극을 누가, 어떻게 막을 수 있겠니? 코끼리가 멸종한다는 건, 단지 한 동물 종이 멸종하는 것으로 끝나는 게 아니야. 전쟁에서 왕이 죽으면 모든 게 끝나듯, 동물을 대표하는 신 같은 동물이 사라져 버리는 건 지구상에 사는 모든 포유동물은 언제든 사라질 수 있다는 뜻이야.

코끼리
elephant

학명 Elephantidae

분류 척추동물 〉 포유강 〉 장비목 〉 코끼리 과

멸종 위기 등급 IUCN Red List 취약, 위기(VU-아프리카, EN-아시아), CITES 부속서 I (아프리카 일부 지역 코끼리는 부속서 II)

야생 개체 수 아시아 40,000, 아프리카 410,000마리 정도

사는 곳 아시아 삼림, 아프리카 초원(사바나)

수명 약 60년~70년 (동물원에선 더 단명)

먹이 초식(풀, 나뭇잎, 과일, 나무)

출산 보통 코끼리는 4년에 한 번 임신하는데, 임신 기간은 630일~660일 정도이다. 보통 한 배에 1마리를 낳지만 드물게 쌍둥이를 낳는 경우도 있다.

Quiz

1. 아시아코끼리와 아프리카코끼리의 차이는

아시아코끼리 아프리카코끼리에 비해 체구(3~6톤)와 키(2.1~3.6m), 귀가 작으며, 상아가 수컷에만 있다. 등이 볼록하며, 머리끝이 두 봉우리로 나뉘어 튀어나와 있다. 뒷발 발가락은 네 개(앞발은 다섯 개)며, 코끝 돌기가 위에 하나만 있다.

아프리카코끼리 귀와 체구(4~7톤), 키(2.4~4.2m)가 아시아 코끼리에 비해 더 크며, 암수 모두 상아가 있다. 뒷발 발가락은 세 개(앞발은 네 개 혹은 다섯 개)며, 머리끝은 한 봉우리로 튀어나와 있다. 코끝 돌기가 위아래로 두 개다.

2. 역사상 가장 최초로 기록된 코끼리를 이용한 전쟁은?

영화 '300'의 배경이 된 그리스와 페르시아 간에 벌어진 페르시아 전쟁에서는 아시아코끼리가, 로마와 카르타고 간 제2차 포에니 전쟁 때는 한니발이 아프리카코끼리를 이용했다.

3. 코끼리 상아가 점점 없어지는 까닭은?

지속적인 밀렵으로 인해 긴 상아를 가진 코끼리 유전자들이 사라지고 있어서.

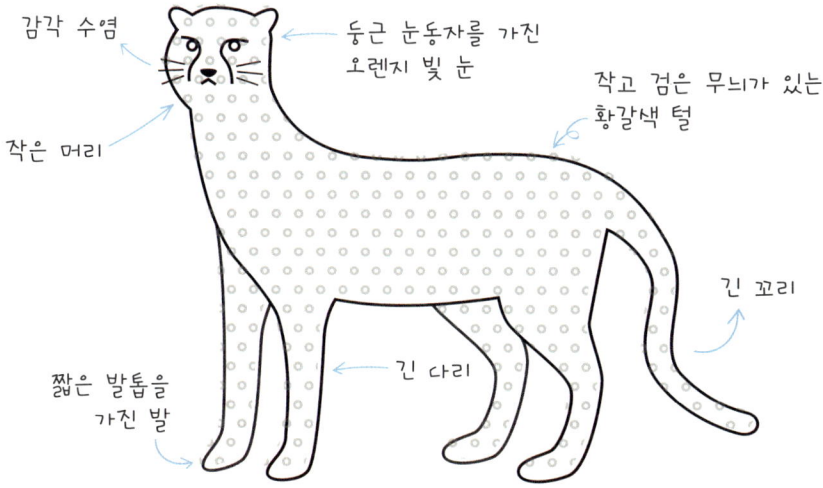

"최고 시속 120km, 육상 동물 중 가장 빠른 단거리 달리기 선수, 전 지구상에 7,000마리밖에 안 남은 1급 멸종 위기 동물."

이것은 모두 나를 설명하기 위해 하는 말들이야. 사자가 시속

65km이고 사람은 35km쯤 되니, 내가 얼마나 빠른지는 대충 짐작이 되지? 다른 동물들과 100m 달리기 시합을 하면 언제든 월등하게 선두로 치고 나갈 수 있어. 몸길이만큼 긴 꼬리가 달릴 때 균형추 역할을 해서 급작스레 방향을 바꾼다든지 할 때는 몸이 흔들리거나 넘어지지 않게 균형을 잡아주는 화살 깃 같은 역할을 한단다. 한마디로 말해서 내가 달릴 땐 몸 전체가 시위를 떠난 화살이라고 보면 돼.

내 자랑이 너무 심했나? 우리 치타들 역시 앞의 두 애칭은 다 수긍이 가고 나름 자랑스럽게 여기지만, 마지막 '1급 멸종 위기 동물'이란 건 너무나 슬프고 현실로 닥치는 말이야. 사실 우린 하루하루를 멸종 위기 속에서 살아가고 있다고 말해도 과언은 아니지.

왜 나같이 빠르고 적수가 없을 것 같은 육식 동물이 하필이면 멸종 위기에 몰렸느냐고? 그건 우리가 주로 잡아먹는 영양의 수가 계속 줄어들고 있기 때문이야. 영양은 세상에서 가장 크다는 탄자니아의 세렝게티나 케냐의 마사이마라 같은 아프리카의 국립 공원에서 살아. 그런데 자유롭게 살던 동물을 국립 공원이라는 일정 구역에만 거의 가두어 놓다시피 한 채 더 이상 이동하지 못하게 막으니, 질병에 잘 걸릴 뿐 아니라 근친 교배도 일어나면서 영양 수가 자꾸 주는 거야. 우리 치타들은 보기엔 좀 비

치타는 육상 동물 중 가장 빠른 단거리 달리기 선수이다.

겁해 보일지는 모르지만, 그래도 성공 확률이 높은 늙거나 어린 영양을 주로 사냥해. 그런데 새로 태어나는 새끼 영양이 많지 않으니, 우리가 굶는 날들이 늘어나면서 그만큼 살기가 어려워 진거야.

원래 우리 치타는 아프리카뿐 아니라 인도나 시리아, 아라비아 반도의 사막 지대에 걸쳐 살고 있었어. 고대 인도 왕들은 우리를 애완동물로 기르면서 영양 사냥에 이용했었지. 우린, 말 그대로 단거리 달리기 선수야. 300m 이상을 최대 속도로 뛰고 나면 곧 바로 지쳐버리고 말지. 그래서 대개 사냥하는 거리는 100m 이내이고 최대한 가까이 접근한 뒤에 사냥을 시작해. 사냥 대상 대부분이 도망하다가 균형을 잃거나 쉽게 쓰러지는 약한 것들인데, 지금은 이 같은 상대적인 약자 수가 현저히 줄어드는 바람에 사냥하기가 너무 벅차.

사냥이란 게 그냥 보기엔 쉬운 것 같지만, 우선 목표물을 잘 찾아야 하고 거기에 힘을 집중하였다가 한꺼번에 모두 쏟아 부어야 하니 보통 하루에 한두 번 이상은 시도하기 힘들어. 사냥감이 많을 때는 그만큼 사냥에 성공할 확률도 높지만, 많이 잡아도 꼭 문제가 생겨. 사자나 하이에나, 들개의 사냥 사정도 별반 다르지 않으니, 내가 사냥하기를 기다렸다가 성공하면 강제로 채 가는 얌체 짓을 서슴지 않기 때문이야.

그야말로 노력하지 않으면서 불로소득만을 노리는 거지. 나는 그들을 도저히 당해 낼 수 없으니, 그저 입맛만 한 번 다시고는 다시 사냥에 나설 수밖에 없어. 굶주린 배로 다시 사냥해 봤자 잡을 확률은 점점 줄어들고, 기운만 더 빠져 버리지. 그래서 먹이가 부족한 야생에서는 아예 새끼 낳기를 포기하거나, 태어나도 굶주림에 지쳐 죽는 치타 새끼들이 의외로 많단다.

이런 날들이 계속된다면 치타의 멸종 시계는 이미 예약을 해 놓은 거나 마찬가지지. 치타는 옛날부터 사람과는 친하게 지내 온 편이야. 비록 맹수이긴 하지만 사람을 해치거나 일부러 공격할 정도로 사납지 않거든. 오히려 사람을 무서워하고, 잘 길들이면 든든한 반려 맹수가 되기도 했지. 옛 에티오피아 왕들은

영양 사냥에 성공한 치타

길들인 치타를 애지중지하면서 마치 사냥개마냥 사냥터나 전쟁터로 데리고 다니기도 했으니까.

　치타가 워낙 우아하고 빠른 동물로 알려져 있어서, 세계 모든 동물원에서 서로 키우려고 나서는 인기 동물 1순위로 꼽혀. 하지만 드넓은 자연 속에서도 그러할진대 환경이 열악한 동물원에서는 번식할 확률이 당연히 더 낮지. 그래서 지금 같은 열악한 자연 환경에선 우린 줄어들면 줄어들었지, 늘어날 확률이 거의 없어. 내 얼굴에는 진한 눈물 자국 같은 검은 줄무늬가 눈 안쪽에서부터 입 바깥쪽까지 나 있어. 그런데 이것을 두고 마치 앞으로 일어날 멸종을 예고하는 것 같아 더욱 슬퍼 보인다고 사람들은 말하지. 그럼 조물주는 치타에게 일어날 슬픈 일을 미리 알고서 이런 특이한 줄무늬를 얼굴에 새겨 놓은 것일까? 그게 아니라 구태여 과학적으로 분석하자면 햇빛이 주는 눈부심을 방지하기 위한 거라고 할 거야.

새끼는 한 배에 평균 3마리 정도를 낳으며, 새끼가 다 클 때까지 2년 정도 암컷 혼자서 키우며 사냥법도 가르치지. 새끼가 어렸을 적에는 마치 얼룩말처럼 목에서 등을 따라 멋진 갈기털이 나 있다가, 3개월이 지나면 다 빠지고 바닷가 조약돌 같은 크고 작은 점무늬가 온몸에 골고루 퍼진단다. '치타'란 말은 힌두어로 얼룩무늬라는 뜻이야.

어미는 새끼를 위해 어린 영양을 산 채로 잡아 와 어렸을 때부터 사냥 연습을 시킨단다. 하지만 이런 학습이 제대로 안 된 동물원 치타들은 야생에 풀려나도 스스로 사냥할 능력이 없어. 즉 '학습 소외자'인 셈이지. 그래서 자연에 풀어주기 전에 적응할 수 있도록 일정 기간 동안 이런 훈련 과정들을 거쳐야 해.

수컷은 독립해서 홀로 살거나 적은 수가 무리를 지어서 사자처럼 협동 사냥을 하기도 한단다. 그럴 때면 간혹 누 또는 물소 같은 큰 동물도 사냥할 수가 있지. 하지만 그래도 치타는 '홀로서기' 하는 게 더 잘 어울리는 동물이야. 새끼를 기르기 힘든 환경이 되면 스스로 산아 제한을 하면서 무리도 이루지 않고 외로이 혼자 생활을 하다 보니, 늘 춥고 배고프단 말을 실감하기도 해. 그러나 원래 진정한 맹수의 멋이란, 호랑이나 표범처럼 홀로 서는 것 아니겠니? 사자나 하이에나 무리 따위하고는 품격에서부터 비교 불가지. 이것이 치타를 귀족이나 왕족으로 부르는데 반해 그들을 프라이드(pride)나 갱스터(gangster)로 부르는 이유란다.

달리기에 최적화 된 치타의 긴 다리

달리기 가속 비결은 치타 몸의 유연함과 탄력성에 있어. 해부학적으로 보면 척추가 완벽한 S자로 모양으로 휘어졌다 펴질 정도로 부드럽고 연하며, 용수철 같은 탄력성에다 앞발과 어깨뼈 관절이 서로 붙었다 떨어졌다 할 수 있도록 진화했지. 고양잇과 동물이긴 하지만 발톱들이 다른 고양잇과 동물들처럼 발가락 안에 감춰져 있지 않고 늑대나 개처럼 늘 바깥에 나와 있어.

이건 스프린터처럼 땅을 박차고 스피드를 올릴 준비 상태가 언제나 되어 있다는 뜻이야.

　사람들은 말로만 우릴 귀족처럼 우아한 동물이라고 부르지만 말고, 얼굴에 눈물 자국이 새겨진 우리를 더 이상 슬프게 만들지 않았으면 좋겠어. 우리가 사는 야생 환경이 더욱 넓어지고 사람이 하는 간섭이 최소화되어 영양들도 많이 낳고 부쩍부쩍 자라서 번성해지면 좋겠어. 사자나 하이에나도 좀 더 먼 곳까지 사냥터를 확장해 옮겨 다니고, 더 이상 우리를 훼방 놓거나 사냥한 먹이를 약탈해 가지 않았으면 바랄 게 없겠어. 노력한 만큼 먹고 살 수 있는 작은 자유를 갈망하는 것뿐인데, 이 작은 소원마저도 들어주기 힘들다면 아마도 우린 사람과 지구라는 이 행성을 원망하면서 영원히 그리고 아주 빨리 사라질지도 몰라.

치타
cheetah

학명 Acinonyx jubatus

분류 척추동물 〉 포유강 〉 식육목 〉 고양잇과 〉 치타 속 (6개의 아종)

멸종 위기 등급 IUCN Red List 취약(VU), CITES 부속서 I

야생 개체 수 약 6,500마리

사는 곳 아프리카 전역 초원(사바나), 아시아(이란)

※ 이란에 서식하는 개체군만 아직 멸종되지 않았으나 1970년대에 200개체, 2001년에 76개체, 2013년에는 40~70개체 정도 남은 것으로 추정

수명 약 16년

먹이 육식성(주로 영양류, 단독 사냥)

출산 임신 기간은 90일~98일로, 한 번에 1마리~8마리 정도 낳는다(어른까지 되는 건 1, 2마리 뿐).

※ 속도 110~120km/h (순간 최고 속도, 달리기)

Quiz

1. 치타의 달리기 속도는?

시속 120km이다. 가젤 80.5km, 사자 80km, 사람 40km. 참고로 가장 느린 동물은 나무늘보로 시속 3km이다. 치타는 단거리 선수로 100m 달리기 속도는 3.2초(가장 빠른 사람 9.6초가량)이며 가장 빠른 동물은 군함새로 하강 속도가 시속 400km에 이른다고 한다.

2. 치타의 천적은?

사자, 하이에나, 아프리카 들개(리카온) 무리.

3. 치타와 표범의 차이는?

치타 몸에 난 무늬는 점무늬이고 표범은 고리 무늬다. 치타는 발톱이 밖으로 나와 있으며, 표범은 발 안쪽에 숨겨져 있다가 공격할 때 드러난다. 치타는 눈가에서 시작해 입 근처까지 특이한 눈물 자국 무늬가 있다.

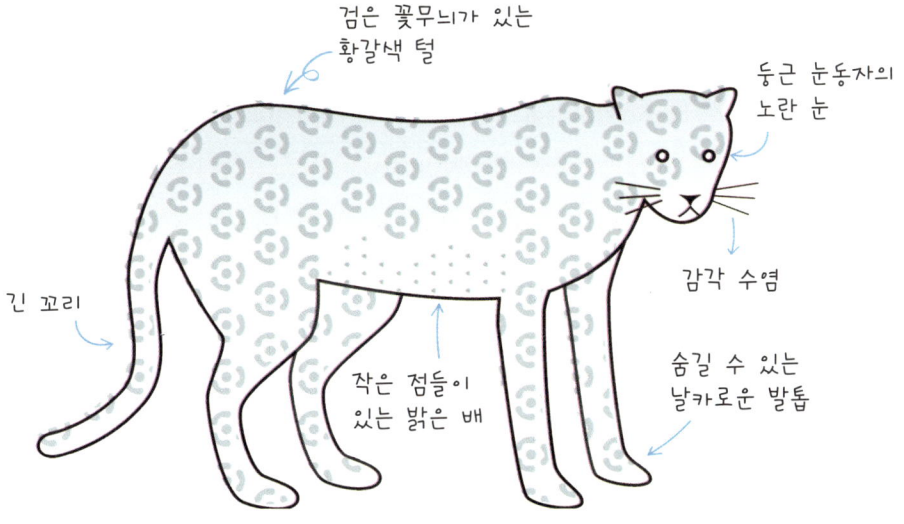

대형 동물원이나 사파리 공원 따위엘 가면 사자나 호랑이, 표범, 재규어 같은 큰 고양잇과 맹수들을 쉽게 볼 수 있지? 그러니 마치 표범도 멸종 위기 동물이 아닌 것처럼 생각이 들 거야. 사실 야생이 아닌 동물원에 갇혀 있는 동물들은 멸종 지표 숫자

에 포함되지 않아. 하지만 그곳에 있는 동물들을 실제 야생에서 조사해 보면, 아프리카나 인도 표범을 제외하곤 아종별로 거의 모두 몇 백 마리씩 정도로만 존재하기 때문에 표범은 분명 멸종 위기 1급 동물이 맞아!

표범을 크게 아종별로 나누면 아프리카, 인도, 자바, 북중국, 스리랑카, 인도차이나, 아무르, 페르시아, 아라비아로 표기되는 9아종의 표범 종류가 있어. 또 몸 빛깔뿐 아니라 속 무늬까지 까만 흑 표범(블랙 팬서)도 이들 아종 중에서 특별히 분리돼 나온 거야. 숲속으로 들어가면 분간이 안 되는 고리 모양 까만 점무늬를 하고, 자기 몸집만 한 영양 한 마리를 물고 나무 위로 올라가 큰 나뭇가지에 기대 누워서 조용히 석양을 바라보며 느긋한 표정을 짓는 고독한 짐승, 그래 바로 내가 그 표범이야!

여러분은 표범을 동물원에서 흔히 볼 수 있는데, 무슨 멸종 위기냐고 할지도 모르겠어. 하지만 야생에서 표범은 거의 멸종 상태야. 동물원을 찾는 대중들에게 가장 인기 있는 동물은 단연코 고양잇과 맹수들인데, 동물원에서는 이들을 교배, 번식시켜서 서로 교환 또는 분양하면서 전시를 하지. 바로 이것이 우리가 명맥이라도 유지할 수 있는 사연이야. 이를 두고 사람들은 현대의 동물원을 멸종 위기 동물을 위한 '노아의 방주'라고 부르면서 합리화하지. '병 주고 약 주는' 격이지, 뭐. 그런데 누가 사

나무 위의 표범

람이 우유 먹여 키우고, 돌보며, 길들인 표범을 진정한 표범이라고 부르겠니? 무늬만 표범인 그들이 진짜 표범이 되려면, 야생으로 나가기 전에 지독하고 혹독한 생존 훈련을 거쳐야만 해. 그런 다음 야생에 나온다 하더라도, 적어도 일 년 정도 생사의 고비를 여러 번 넘나들고서 마침내 살아남아야 비로소 야생 표범이라 부를 수 있을 거야. 그런데 이들의 마지막 안식처일지도 모를 동물원에서 암수를 잘 가려 합사시켜도 거의 대부분이 먼 산 바라보듯 외면을 해. 정말로 후손을 보는 단계에까지 이르는 금실 좋은 짝은 모래밭에서 바늘 찾기만큼 힘들어.

솔직히 말해, 사람에게 호랑이나 사자보다 더 무서운 존재는 바로 우리 표범이야. 성격상 은밀하고 행동이 날렵한 탓에 옛날부터 사람들 희생이 많았다는데, 1910년 아프리카에서는 무려 400명을 해친 살인 표범이 잡히기도 했다지. 결국 이런 살인 악습이 있는 몇몇 표범들 탓에 사냥꾼들이 내세운 정의를 위한 사냥 대상이 되고 말았어. 맹수 사냥꾼들은 강력한 위력의 총으로 표범을 거의 멸종에 가깝게 죽여 댔고, 사람들은 그들을 영웅으로 추앙하면서 금전적인 보상마저 해 주었지. 그러자 영웅이 되려는 표범 사냥 붐이 일면서 맹수 사냥은 더욱 정당화되고 가속화되었단다. 그 결과 아주 짧은 기간 동안 호랑이와 표범, 덩달아 그 주변에 사는 곰이나 늑대의 씨까지 모두 말라 버렸지.

예전에는 표범, 호랑이 사냥이 누구에게나 손뼉을 받으면서 값비싼 가죽도 팔 수 있는 아주 좋은 사업 종목이었다고 해. 일제 강점기에 한국이 일본군의 대표적인 사냥터가 된 것이 그 불행한 예라 할 수 있겠지. 한국 표범은 1973년 7월 경남 지방에서 잡혀 창경원에서 사육되던 것을 마지막으로, 완전히 자취가 사라졌다고 했어. 그러다가 최근 발자국 또는 실체를 봤다는 목격담들이 꽤 많이 나오면서, 사냥과 전쟁을 피해 깊은 산중에 은신한 극소수 표범 자손이 살아 있을 가능성이 있다고들 수군거려. 하지만 아직 실체 촬영 같은 뚜렷하고 확실한 증거는 없는 실정이야.

만약에 살아 있다면, 차라리 우리 존재 자체를 사람들이 모르는 게 훨씬 낫겠다는 생각을 해. 만약 알게 되면, 자기밖에 모르는 사람들이 우릴 그냥 두겠어? 자기들 마음대로 산을 휘젓고

사냥한 영양을 나무 위로 가져온 표범

다니면서 약초를 캐고 운동도 해야 하는데, 만약 우리가 버젓이 살아 있다면 활동하기에 엄청 곤란해지지 않을까? 그러면 모르긴 해도 우리를 잡아 달라고 몸부림칠 거야. 어쩌면 자연마저 온통 다 차지하려는 사람의 욕심 때문에 우리의 멸종이 가속화된 건지도 몰라. 현재 지구상 동식물 멸종의 90%는 천적도 기후 변화도 아닌, 오직 인간의 사냥과 자연 파괴에 의한 거라고 해.

우리 표범은 사자, 호랑이 같은 큰 고양잇과 동물과 집고양이나 오셀로트(ocelot) 같은 작은 고양잇과 동물의 중간 정도

(50~90kg) 몸집이야. 그래서 소나 다 큰 멧돼지처럼 크고 사나우며 힘센 녀석들은 사냥하지 못하고, 주로 만만한 사슴이나 영양 그리고 토끼, 너구리, 원숭이 같은 중소형 포유류를 사냥하며 살지.

사냥한 것은 무조건 나무 위로 끌고 올라가서 걸쳐 놓고는 느긋하게 여유를 즐기며 먹어. 그렇지 않으면 사자나 하이에나, 곰 따위에게 바로 빼앗기기가 쉽거든. 보통 50kg 정도 되는 무거운 것도 4~6m 정도 되는 높은 나무 위로 물고 올라가야 비로소 안심이 돼.

내 등에 난 점무늬가 워낙 독특해서, 사람들이 꽃무늬라고 하면서 장미나 매화에 비유하기도 해. 우린 결혼 철을 빼고는 암수 모두 고독을 즐기며 혼자 살아. 물론 새끼를 낳으면 이 세상 모든 어미들과 마찬가지로 정말 목숨을 다해서 보살펴. 1년 정도 지나 새끼가 독립하면 또 혼자가 되어 자유롭게 살아가지. 새끼는 3년 정도 자라면 대를 이을 수 있는 어른 표범이 돼. 혼자 살면 주위 무리들에 신경 쓸 일이 없어 편해. 누굴 괴롭힐 일도 없고, 괴롭힘을 받지도 않고 말이야. 여러분도 우리 표범처럼 혼자 살 수 있는 연습들을 한번 해 봐! 처음엔 힘들고 외롭겠지만, 적응이 되면 또 이처럼 자유롭고 편안한 삶도 없거든.

한국 표범과 같은 종인 아무르 표범

 아, 참! 특히 너희 같은 사람을 빼닮은 원숭이들이 표범을 특히 두려워하지. 왜냐하면 나무 위로 도망쳐도 거기까지 쫓아가서 사냥을 하니까. 워낙 몸이 가볍고 유연해서 마치 나는 듯 덮치고 소리 없이 다가가는 통에, 그 재빠르다는 원숭이들도 소리 한 번 못 지르고 당하지. 마치 스나이퍼(저격수)처럼 소리 없는 공격을, 그것도 어둠을 틈타서 하니까. 이 때문에 간혹 내가 일본 전국 시대에 활동하던 암살 집단인 닌자(忍者)가 아닌가 하는 생각도 해 봤어. 물론 사람들이 우리가 사냥하는 걸 흉내를 낸 거겠지만 말이야.

 아무튼 우릴 아무리 죽여도, 벼랑 끝에라도 숨어서, 단 한 쌍일지라도 끝까지 살아서 지구상에 남겨둘 거야. 그리고 사람들이 자기들끼리 싸우다 모두 사라지고, 다시 우리의 세상이 오기를 숨죽여 기다리겠어. 지구는 동족을 함부로 죽이거나 다른 종을 마구 짓밟는 이기적인 동물종에게는 세상을 지배할 기회를 그리 오래 주지 않았으니까. 그것이 수억 년 지구 역사를 지탱해 온 힘이고, 질서이자 이치니까 말이야.

Tip

표범
leopard

학명 Felis pardus

분류 척추동물 〉 포유강 〉 식육목 〉 고양잇과

멸종 위기 등급 IUCN Red List 취약(VU), CITES 부속서 Ⅱ

야생 개체 수 약 10,000마리(아무르 표범 20~25)

사는 곳 아프리카 전역, 인도, 중국 만주 지역까지 분포

수명 약 15년

먹이 토끼, 비버, 멧돼지, 사슴, 영양 등 육식

출산 임신 기간은 약 90일~100일로 보통 3마리 새끼 출산

Quiz

1. 팬서(panther)라고 부르는 흑 표범은 무엇인가?

『정글북』에도 나오는 흑 표범은 인도 표범(벵골 표범)의 변종이다. 바탕색이 흑갈색이고 점무늬는 일반 표범과 똑같지만, 잘 보이지 않는다. 일반 표범 사이에서 흑 표범이 태어나고 흑 표범 사이에서도 일반 표범이 태어난다. 제2차 세계 대전 중 강력했던 독일 탱크 이름이기도 하고, 흑인 저항 운동의 상징이기도 하다.

2. 표범은 왜 나무 위에 자주 올라가나?

혼자 사냥을 하고 체구도 작기 때문에 사자나 곰, 호랑이의 공격을 받기 쉽다. 그래서 그들이 잘 오르지 못하는 나무 위에서 편하게 쉬며 먹이를 먹거나 휴식을 취하기 위해서이다.

3. 옛 한국 표범의 아종은?

아무르 표범이다. 조선 표범, 고려 표범이라고 따로 부르기도 한다. 표범 중 가장 최북단에 서식하며, 체구가 크고 털이 아름다운 표범으로 유명하다.

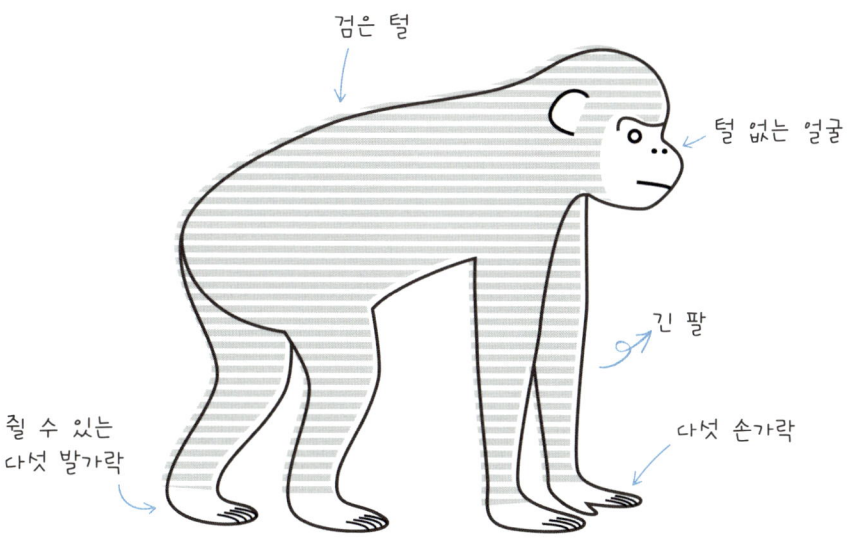

침팬지, 오랑우탄, 고릴라 이 세 동물을 유인원이라고 하며, '비인간 인격체(nonhuman persons)'라고도 부르지. 그만큼 여느 동물보다 월등히 지적이고, 감정이 풍부하기 때문이야. 특히 우리 침팬지는 거울 실험에서, 거울에 비치는 동물이 자기 자신임

을 금방 알아챌 정도로 자의식이 뚜렷해. 그런데 내가 왜 멸종 위기 동물 목록에 올라가 있느냐고? 그건 야생에서 조용히 숨어 평화롭게 지내는 유인원을 마구잡이로 불어난 인간이 불러내고 간섭하는 통에 그런 거지. 현재 유인원뿐 아니라 전 세계 거의 모든 원숭이는 이런 무분별한 간섭 때문에 거의 모두가 멸종 위기 동물로 지정이 되어 있어.

그래도 개중에는 침팬지를 동물이 아닌 인격체로 대해 준 '제인 구달' 같은 고마운 이도 있지. 그이 같은 사람들이 없었다면 아마도 우린 여전히 괴롭힘을 당하는, 말도 못하는 한낱 동물에 불과했을 거야. 침팬지를 사람과 같은 동일한 인격체로 대해 준 이는 그이가 처음이었을 거야. 아직도 끊임없이 연구하면서 우릴 보호하려고 애쓰는 사람들이 있으니, 그나마 다행이야.

제인 구달은 위험한 탄자니아 곰베 강 침팬지 보호구에 홀로 들어가 침팬지와 거의 매일 살다시피 했어. 그러면서 사람과 동물이라는 담을 자연스레 허물면서 침팬지 본래의 야생 생활을 엿보기 시작했지. 그것은 마치 버림받고 약한 한 마리 침팬지마냥 자신을 낮추면서 조심조심 무리 중 하나가 되는 것이었어. 그렇게 함으로써 침팬지는 무리 간에 서로 다른 문화가 있으며, 호기심 많고, 놀이를 즐기며, 나뭇가지에 침을 묻혀 흰개미 잡는 도구로 사용할 줄 알고, 모기를 쫓을 줄 알며, 기쁨과 슬픔을 아는 매우 다양한 감정을 지닌, 사람에 매우 근접한 동물임을 깨닫게 되었지. 이 모든 것을 그이는 직접 눈으로 관찰하고 기록해서 세상에 공개한 거야.

간혹 동물원에서도 사람들은 우리를 지켜보면서 자신과 닮은 몸짓이며 눈빛을 보고는 "저들도 감정이 있겠거니." 하는 막연한 생각을 할 거야. 하

침팬지의 대모 제인 구달

지만 그건 일시적인 감정에 불과하고 따로 증명할 수도 없으니, 누구한테 말을 해도 믿지를 않아. 그런데 제인 구달 같은 학자가 생생한 야생의 한가운데서 오랜 노력 끝에 얻은 연구 결과를 논문이나 방송을 통해 대대적으로 알리면, 그제야 사람들은 조금씩 믿기 시작하는 거지.

사람들은 자신이 본 것을 그대로 믿는 게 아니야. 오히려 한 다리 건너서 어떤 권위 있고 유명한 이가 증명하고 말해 주는 걸 더 믿는 경향이 있는데, 이건 때로는 아주 위험한 습관이기도 해. 만일 그 권위 있는 사람이 혹시 딴 마음을 먹어 우릴 사

악한 동물로 묘사해 버린다면, 바로 유해 동물이라는 낙인이 찍히는 거야. 그때부턴 우리를 함부로 사냥해도 되고 야생 고기(부쉬미트)까지 먹어도 된다는 정당성이 주어진다는 걸 깨달아야 해.

한때 침팬지는 '혹성 탈출'이나 '킹콩' 같은 영화를 통해 사람들 사이에 아주 고약하고 나쁜 동물이라는 선입견이 생기기도 했었지. 단지 사람과 비슷하고 직립 보행을 한다는, 사람을 닮았다는 특성만으로도 너무나 쉽게 외계의 침략자 또는 괴물로 만들어 버린 거야. 그러면 잘 모르는 사람들은 이런 영화들을 보고서 우리를 '아주 위험한 동물'로 규정해 버리겠지. 그 다음은? 당연히 적대감과 두려움으로 똘똘 뭉친 사람들이 침팬지가 사는 곳에 총을 들고 들어와서는 당당하게 밀렵과 사냥을 해댈 거야.

사실 침팬지는 겉으로 드러난 것과는 달리 가족끼리 작은 무리를 지어 사는, 아주 소심하고 조용한 동물이야. 육식은 아주 가끔 할 때도 있지만, 주로 여러 가지 과일이며 채소, 나뭇잎 따위를 먹는 채식주의자에 더 가까워. 사는 곳은 사람의 발길이 잘 닿지 않는 깊은 숲속이고, 우두머리 수컷 아래 20마리~80마리 정도가 단란하게 가족을 이루는 부계 중심 사회지. 서로에게 야유나 끙끙거림, 입술 모양이나 다양한 얼굴 표정, 그리고 털

영화 '혹성 탈출(1968년 작)'의 한 장면. 세상을 지배하는 부정적 이미지로 침팬지가 묘사되었다.

고르기나 가슴을 치는 동작(drumming) 따위로 기쁨이나 분노 같은 다양한 개인감정을 드러내면서 의사소통을 해.

때론 사람처럼 다른 무리와 다툼이 일어나서, 그 와중에 죽는 침팬지들도 간혹 있지. 하지만 그건 침팬지들만의 일종의 최소한의 세력 다툼이자, 야생에서 살아남을 수 있는 힘세고 지혜로운 종족을 지속적으로 유지하려는 강인한 유전자 보존 방법이기도 해. 이런 소소한 다툼은 어느 동물 사회든 필요악처럼 존재하는 현상이지만, 사람처럼 종교나 이념, 몇몇 독재자들의 감정 대립으로 대량 살상 무기를 가지고 무차별적인 살육전을 벌이지는 않아. 그러니 우리를 마치 폭력적인 동물로 묘사하는 건 아주 잘못된 일이지. 현재 지구를 지배하고 있는 현생 인류에 비하면 침팬지는 놀라울 정도로 평화로운 동물이니까 말이야.

일부 학자들은 사람과 침팬지는 유전자가 98.5% 동일하다고 주장하기도 해. 이건 우리도 놀랍지만 사람들에게도 꽤 충격적인 결과일 거야. 침팬지는 주먹으로 땅을 짚으며 엉거주춤 걷는 너클(knuckle) 보행을 하지. 또 나무를 잘 타고, 몸에는 길고 까만 털이 아주 많이 나 있고, 아래턱은 앞으로 툭 튀어나와 있으며, 엄지발가락이 손가락처럼 다른 발가락과 서로 마주보고 있어. 성인 침팬지는 대부분 대머리에, 눈의 홍채도 어렸을 때는 회색에 가깝지만 차츰 자라면서 노란색으로 바뀌지. 이런 눈으로 확인할 수 있는 특성들만 해도 분명 사람과는 완전히 딴판인 동물인데, 유전자가 1.5%밖에 차이가 안 나다니, 세상에! 유전학적으로만 본다면 사람과 침팬지는 거의 쌍둥이 형제라 해도 될 정도야. 그런데 이런 사실을 사람이든 침팬지든 솔직하게 받아들이고 인정할 수 있을까?

그런데 침팬지는 유전자 지도 같은 걸 함부로 믿지는 않아. 하지만 학문 좋아하고 족보 잘 따지는 사람들 언어로 하자면, 침팬지는 세상에서 사람과 가장 가까운 동물이며 아주 오래 전엔 한 조상이었지만 가장 최근에 갈라져 나온 친척이라는 증거가 될 수는 있어. 그렇다고 침팬지를 다른 동물들보다 특별히 더 존중해 달라는 뜻은 아니야. 우리 또한 그런 대접받을 생

새끼를 등에 업은 어미 침팬지

각 추호도 없으니까. 다만 누구보다 가까운 사이인 만큼, 조금만 더 마음을 열어 야생 서식지에서 평화롭게 잘 살고 있는 우리를 그냥 좀 내버려 둬 달라는 것뿐이야. 그것이 어렵다면, 정글을 파괴하는 개발만큼이라도 좀 멈춰 주었으면 좋겠어. 그리고 어쩔 수 없이 동물원, 실험실 등에서 갇혀 지내는 수많은 침팬지들도 자연 적응 훈련을 통해 야생으로 차츰 돌려보내 주었으면 해. 물론 그들도 모두 하나의 비인간 인격체들이니, 야생이든 인간의 품이든 그들이 원하는 대로 자유로이 선택할 수 있게 해 줘야겠지.

또 하나, 제발 우리 새끼들을 더 이상 밀렵으로 잡아가지 마! 우리 새끼들이 정말 예쁘고, 귀엽고 사람과 비슷한 행동들을 한다는 건 알겠어. 그렇다고 어미를 죽이거나 강제로 새끼를 빼앗아 동물원, 서커스단 같은 곳에 팔아버리는 반인륜적인 행위를 해도 될 권한은 도대체 누구한테서 받았니? 그리고 우리를 본 모습이 아닌 폭력배나 사악한 괴물로 묘사하는 영화도 더 이상 만들지 않았으면 해.

침팬지와 가장 가까운 종족 중에 피그미침팬지라고도 부르는 '보노보'들이 있어. 이 녀석들은 우리와 아주 많이 닮았지만, 훨씬 평화롭고 더 착한 녀석들이야. 사람 기준에서 보기에 좀 남우세스럽겠지만 녀석들은 암수 가리지 않고 서로 껴안고 뽀뽀하면서 행동으로 사랑을 표현해. 사랑의 표현으로 서로 평화로운 관계를 유지하는 독특한 습성이지. 딱히 우두머리를 내세우지도 않고 말이야. 이렇게 평화를 추구하는 모델 같은 동물을 한쪽으로 치우친 단편적인 모습만 강조하여 폭력을 일삼는 무리로 낙인찍진 말아 줘.

그리고 연구랍시고 우리를 좁은 실험실에 강제로 가둔 채 이상한 약물을 주입하고 생체 실험하는, 사람들도 지극히 혐오하는 그런 짓들도 이제는 그만두었으면 해. 앞으로도 이런 일들이

어린 침팬지

계속된다면 정말 침팬지는 지구상에 존재할 날이 얼마 남아 있지 않을 거야. 그것도 가장 가까운 친척이라는 사람 때문에 말이야. 지금은 사람이 만물의 영장이라고 뻐기며 우월하다고 생각하겠지만, 이런 식이라면 언젠가는 반드시 동물들에게 저지른 행위로 인해 스스로가 멸종의 길을 걷게 될 거야. 그러니 부디, 지금부터라도 정신 바짝 차리고 지구상에서 함께 살아가는 동반자로서 그리고 후손들의 지속 가능한 미래를 위해서라도 우리 동물들과 함께 평화롭게 세상을 공유하며 자연의 질서를 회복하고 그것에 순응하며 살기를 바라.

침팬지
chimpanzee

학명 Pan troglodytes

분류 척추동물 〉 포유강 〉 영장목 〉 사람 과 〉 침팬지 속(침팬지, 보노보)

멸종위기 등급 IUCN Red List 위기(EN), CITES 부속서 Ⅱ

야생 개체 수 약 300,000마리

사는 곳 아프리카 (중부, 서부)

수명 약 40년

먹이 열매, 나뭇잎, 곤충, 가끔 육식

출산 1년 중 어느 때라도. 약 227일 동안의 임신 기간 후 1마리(드물게는 쌍둥이)를 낳는다.

Quiz

1. 생태 분류학적으로 사람과 가까운 유인원 3종을 순서대로 정리하면?

침팬지, 고릴라, 오랑우탄.

* 유인원은 신체 구조가 원숭이보다 사람과 더 가까운 대형 영장류이고, 긴팔원숭이를 소형 유인원이라 부르기도 한다. 유인원 간 유전적인 유사성은 90% 이상이다.

2. 탄자니아 곰베 숲에서 침팬지를 연구했고, 지금은 침팬지와 동물 보호 운동에 앞장서고 있는 여류 학자는?

제인 구달(영국). 탄자니아에서 시작한 'Roots and Shoots(뿌리와 새싹 : 멸종해 가는 동물들을 살리고, 파괴되어 가는 생태계 보존을 위한 운동. 1991년부터 시작)' 운동을 현재 전 세계로 확산시키고 있다.

3. 침팬지가 주인공인, 인간의 절망적인 미래를 그린 대표적인 영화는?

혹성 탈출.

진정한 십장생 동물
tortoise
코끼리 육지 거북

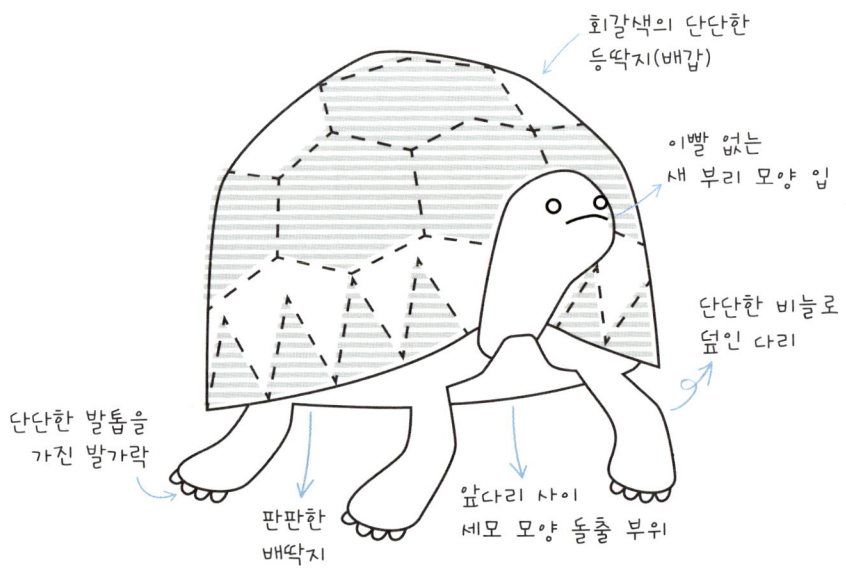

토끼와 거북이가 달리기 시합을 하는 전래 동화 '토끼와 거북이' 이야기 알지? 거기에 나오는 거북이는 아마도 반수생(半水生)인 남생이 아니면 육지에만 사는 육지 거북이 틀림없을 거야. 왜냐면 물에서만 사는 바다거북(turtle)이나 자라 같은 수생 거

북들은 물위로 솟은 바위나 수초 같은 데에 잠시 올라가 일광욕 정도만 할 뿐, 그리 오랜 시간 물 밖에 나와 있을 수가 없거든. 그래서 육지 거북을 남생잇과로 따로 구별해서 부르는 거야.

거북을 사는 곳에 따라 구별하자면 바다거북, 악어 거북, 늑대 거북 같은 완전 수생 거북이 있고, 수영을 아예 못하는 갈라파고스 땅 거북이나 아다브라 큰 거북, 아프리카 설가타 육지 거북 같은 육지 거북류가 있어. 그리고 그 사이에 남생이처럼 물과 육지를 자유롭게 오가는 거북들이 몇몇 있기도 하지.

거북이가 예로부터 내려오는 오래 살면서 죽지 않는 열 가지, 즉 '십장생' 중 하나라는 사실은 알고 있니? 사람들이 십장생 동물로 거북이, 두루미, 사슴을 꼽았지만, 그렇다고 셋 다 오래 사는 건 아니야. 사슴이 오래 살면 20년, 두루미가 40년, 뭐 그 정도밖에 안 되니까. 일반 거북도 주로 20년~30년 정도 살아. 하지만 갈라파고스와 아다브라 제도에 사는 육지 거북이나 바다거북인 푸른거북, 붉은바다거북, 장수거북 등은 100년~300년까지도 살아. 그러니 우리가 진정한 십장생이라 불릴 만하지 않니?

코끼리 육지 거북에는 크게 아다브라 큰 거북과 갈라파고스 땅 거북 두 종류가 있어. 코끼리 육지 거북의 움직임이 느리기 때문에 사람들은 마치 철학자나 낙천주의자 또는 슬로 라이프의

전형을 발견했다고 요란을 떨지. 다람쥐 쳇바퀴처럼 바쁘게 돌아가는 요즘 사람들의 생활 습관을 바꾼다며 조금씩 우릴 따라 하기도 하면서 말이야.

그런데 한 가지 여러분이 꼭 명심해야 할 것이 있어. 우린 느리게는 살지만 폭력적이지 않고 누구도 괴롭히지 않는다는 거야. 누가 공격하면 등과 배를 감싸고 있는 딱딱한 갑옷 모양 피부 껍데기 속으로 머리와 다리, 꼬리까지 쏙 넣은 채 숨죽이고 있다가 적이 사라지면 다시 내 갈 길을 가는 방법을 택하지. 결국 적들은 우리를 물어 보기도 하고, 때려 보기도 하고, 굴려도 보면서 어떻게든 살을 노출시키려 하지만 결국은 제 풀에 지쳐 그냥 돌아서 가게 돼. 이것이 바로 우리가 오랫동안 화석 동물이라고까지 불리어 가며 우공이산(愚公移山)처럼 살아남은, 바보 같으면서도 유일한 생존 전략이야. 즉 '홀로, 비폭력으로, 천천히 오래 살기'라고나 할까? 결코 멋지지 않더라도 세상은 마지막까지 살아남은 자가 승리하는 법이거든. 급하고 호전적이면서 무엇이든 제 맘에 들게 바꿔야만 직성이 풀리는 사람은 아마 잘 이해를 못 할 거야.

아, 참! 거북은 완전 채식주의자라는 것도 절대 잊어선 안 돼. 우리가 파충류로 분류되는 바람에 가끔은 마치 뱀이나 악어처럼 육식을 하는 동물로 착각하는 사람들이 있어서 하는 말이야. 사

갈라파고스 땅 거북. 이들이 화석 동물로 불리는 이유는 거의 2억년이 흘렀어도 그 모습을 간직하고 있기 때문이다.

람도 채식을 하면 스트레스도 덜 받고 멋진 몸매와 피부를 유지하면서 오래 살 수 있다는 연구 결과도 있다지?

　코끼리 육지 거북은 개나 고양이처럼 언제 어디서나 흔히 볼 수 있는 동물은 아니야. 우리 또한 다른 몇몇 희귀 동물들과 마찬가지로 멸종 위기 동물이니까. 오래 살고, 또 알도 많이 낳는데 왜 멸종 위기까지 이르렀냐고? 흠! 이 또한 못된 사람 탓이지.

　처음 우리를 발견한 사람들(선원 또는 뱃사람이라 불리는)이 느리고 사냥하기 쉽다고 발견하자마자 식량으로 삼기 시작한 거지. 초식 파충류 동물들 대개가 소처럼 사람 입맛에 잘 맞는 편이거든. 그래서 발견 초기부터 우리는 아예 선원들에게 잡기 편하고 맛도 좋은 일류 해양 요리 재료가 되어 버린 거야. 선원들은 우리를 눈에 띄는 대로 잡아서 대충 배 갑판이나 창고 같은 곳에 산 채로 아무렇게나 내동댕이쳐 두었다가 필요할 때마다 한 마리씩 요리를 해서 먹었다고 해. 우리가 사는 섬에 사람이 첫발을 디딘 그 순간부터 바로 멸종 위기 동물이 돼 버린 셈이야.

우린 섬에서만 살았기 때문에 헤엄쳐서 어디 다른 곳으로 도망치는 방법도 몰라. 꼼짝없이 낙원에서 지옥으로 바뀐 섬에서 그대로 포로가 되어 버린 거야. 그리고 우리 소중한 알들마저 닥치는 대로 거두어다 먹어 버렸으니……. 사람의 잔혹성은 이미 동물 세계에선 널리 알려진 진실이지만, 우리 육지 거북을 멸종 위기에 이르게 한 방법은 그 어디에서도 유래를 찾기 힘든, 상상을 초월한 독특한 착취 방식이었지. 유럽인이 남미 원주민을 정복할 때처럼 병을 옮기고, 학살하고, 끝없이 착취했던 것처럼 말이야.

우리가 화석 동물이라 불리는 이유는, 공룡 시대 이전인 중생대 때부터 거의 2억 년 이상 그 모습 그대로 현재까지 살고 있기 때문이야. 인류보다 훨씬 오랜 생명의 역사를 유전자 속에 간직하고 있지만, 사람만큼 영리하거나 잔인하게 진화하지 못해서 결국 이렇게 초라한 대접을 받는 신세를 면치 못하고 있어. 이것도 정해진 운명일까?

그런데 우리가 다 없어지려는 찰나에, 어찌된 영문인지 갑자기 사람들이 우릴 보호한답시고 나서기 시작했어. 뒤늦게 잘못을 깨달은 걸까? 그나마 도도나 스텔러 바다소처럼 완전히 멸종되기 전에 깨달아 줘서 천만다행이라고나 할까? 하지만 아무리 보호를 한다고 해도, 예전 같으면 자연스레 증가했을 개체 수가 웬일인지 좀처럼 늘지 않고 있어. 이미 섬이 관광 자원화 되어서 우리가 아무 간섭 없이 자손을 늘릴 만한 환경이 되지 않기 때문이겠지. 늘 사람이나 개, 고양이 같은 낯선 동물들의 소음과 체취를 맡고 사는 것도 은근히 스트레스로 작용하여 자연스런 생식 활동이 쉽지 않은 것도 있을 테고. 무엇보다 인간의 간섭이 시작된 지 근 100년 동안 야생 개체 수가 너무 많이 줄어든 바람에 친인척끼리 근친 교배도 하고 보니, 돌연변이 같은 개체도 생겨나면서 점점 생존력마저 약해지고 있어.

요즘 우린 동물원에 가면 늘 볼 수 있는 신세가 되어 버렸어. 동물원에서 비싼 값으로 구매하기 때문에 아프리카 마다가스카르 제도에 있는 아다브라 섬이나 남미의 갈라파고스 섬에 사는 가난한 사람들에게는 아주 주요한 수입원이 되고 있거든. 누구도 괴롭히지 않고 온순하기 때문에 동물원에서는 몸집이 큰 어른 거북 등에 어린아이들을 태울 정도로 노예처럼 부려 먹기도 한단다. 나머진 하루 종일 좁고 더러운 우리 안을 배회하며 하릴없이 죄수처럼 주변을 뱅뱅 도는 게 동물원의 일상이지.

사람들이 모여 사는 전 세계 도시에는 대략 10,000개가 넘는 수족관과 동물원들이 있고, 그곳 모두 우리를 전시하길 원하지. 그래서 코끼리 육지 거북 대부분은 동물원에서 원하지 않는 삶을 살고 있으며, 거기서 폐렴이나 알 수 없는 스트레스성 또는 대사성 질환에 걸려 주어진 생의 반에 반도 다 못 채우고 죽는 현실이야.

우린 원래 천적이 없었기 때문에 알도 많이 낳지 않았어. 낳아 봤자 일 년에 겨우 8개~25개 정도야(400개 정도를 낳는 바다거북과 비교가 되지.). 그런데 부화 기간 8개월이라는 오랜 시간을 거쳐야 하고, 성적으로 성숙하는 데에만 20년~30년이 걸리니 도중에 죽는 경우가 사는 것보다 훨씬 더 많지. 조건에 따라서는 1, 2마리만 어른이 될 때까지 살아남기도 해.

우린 뜨거운 적도 부근 열대 지방에 살아. 시원한 오전에 주로 먹이를 찾아 먹고 뜨거운 오후엔 그늘 속에서 땅을 파고 들어가 자거나 진흙에서 진흙 목욕을 즐기지. 먹는 건 주로 풀이나 새싹, 나무 열매, 나뭇잎 따위야. 가끔 거기 붙어 있는 벌레들을 함께 먹기도 하지만 굳이 동물성 단백질을 일부러 찾아서

아다브라 큰 거북

먹으려는 의도는 전혀 없어. 목이 다른 거북들보다 길어서 지면 가까이 열린 신선한 나무 열매를 곧잘 따먹기도 한단다.

사람이 기록한 내용 중에는 최대 255년을 산 코끼리 육지 거북이 있었다고 해. 전 세계에 220,000마리 정도가 있는데, 그중에 아프리카 동부 인도양의 아다브라 제도에 150,000마리가 살고 있어. 하지만, 점점 수가 줄어들고 있어 걱정이야. 사는 곳은 주로 초원이나 늪지, 해안 사구 같은 곳이나 평야 지대이고, 사람들은 우리가 모여 사는 지역을 '육지 거북 영역(tortoise turf)'이라 불러. 그곳에는 식물이 20여 종 이상으로 풍부하며 사막 지역에선 드물게 식물 다양성이 매우 뛰어나 동물들의 오아시스 같은 곳으로 통하지.

 다 자라면 등딱지 지름이 120cm에 이르고, 수컷이 암컷보다 좀 더 크지. 다 큰 수컷의 경우 몸무게가 360kg까지 나가기도 하니, 코끼리 거북이라는 멋진 별칭이 생길 만도 하지. 우리도 마당의 화초처럼 사람에게 보호받는 걸 결코 원하지 않아. 간섭만 않는다면, 우리가 그 오랜 세월을 잘 버텨왔듯 충분히 잘 살아갈 수 있는 힘이 있어. 그러니 우리가 비록 느리긴 해도 행복하게 살아갈 수 있도록 제발 처음처럼 한 발짝만 모두 뒤로 물러선 채 우리와 우리 서식지를 그냥 지켜만 봐 주지 않을래? 그것이 우리가 진정으로 바라는 오직 하나야.

Tip

아다브라 큰 거북(세이셸 육지 거북)
Aldabra giant tortoise

학명 Geochelone gigantea

분류 척추동물 > 파충강 > 거북목 > 남생잇과

멸종 위기 등급   IUCN Red List 취약(VU), CITES 부속서 Ⅱ

야생 개체 수 약 200,000마리

사는 곳 아다브라 제도(마다가스카르 북쪽, 인도양 섬)

수명 약 80년~255년

먹이 선인장, 과일, 나뭇잎(1m 이상 긴 목으로 따먹음.)

산란 8개~25개의 알을 땅 속에 산란, 8개월 후 절반 이하 부화

크기 등딱지 길이 90~120cm(갈색 혹은 황갈색)

Quiz

1. 지금까지 살아 있는 세계 최장수 큰 거북은?

세인트헬레나 섬에 사는 아다브라 큰 거북 조나단, 183세.

2. 육지 거북 영역(tortoise turf)이란?

초식성인 육지 거북이 살려면 20종 이상의 풍부한 식물군이 필요하다. 이런 식물군이 있는 곳에 여러 동물들이 모이게 되는데, 이런 오아시스 같은 곳을 가리키는 말.

3. 큰 거북이 걷는 속도는?

시속 6km 정도. 쉬는 때가 많아, 하루 총 이동 거리가 6km 정도.

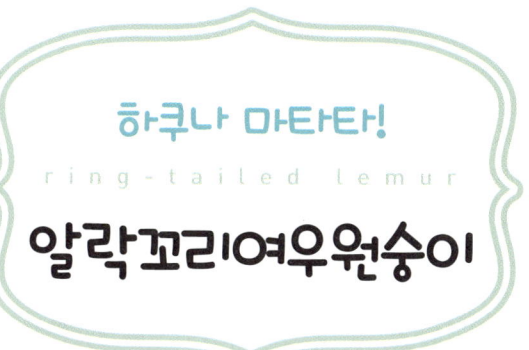

 혹시 애니메이션 영화에도 자주 나오는 아프리카 '마다가스카르 섬'을 아니? 아프리카 동쪽 인도양에 있는, 한반도 3배 크기인 세상에서 네 번째로 큰 섬이야. 그곳에는 매우 특이한 동식물들이 살고 있는데, 대표적인 것이 거대한 바오바브나무, 작고

신비한 도마뱀 카멜레온 그리고 바로 이 장의 주인공인 나, 알락꼬리여우원숭이지.

여우원숭이 중에서도 특히 우리 알락꼬리여우원숭이가 단연코 가장 유명하다고 할 수 있지. 왜냐고? 여우원숭이 중에서 가장 활발하고 생김새도 매우 귀엽고 또 친근하게 생겼기 때문이야. 그리고 서서 걷는 모양이 매우 우스꽝스럽기도 하고, 팔을 벌린 채 단체로 앉아서 일광욕하는 모습도 워낙 특이해서 사람들에게 매우 인기가 높지.

오직 이 섬에만 살고 있는 총 15종이 넘는 마다가스카르 여우원숭이 중에선 시파카와 인드리 원숭이, 검은 목도리 여우원숭이도 꽤 인기가 높은 편이지만 우리를 따라오려면 아직 한참 멀었지. 걔네들은 우리에 비해 놀란 토끼마냥 매우 두려움이 많고, 또 조용히 혼자 지내는 고독한 삶을 즐기기 때문이야. 반면에 우린 좀 모험적이고 활발한 삶을 즐기는 편이지. 그래서 사람들이 마다가스카르 섬을 발견했을 때, 호기심에 해변으로 마중 나온 우리를 가장 먼저 보았고, 한두 마리씩 잡아다 애완동물처럼 기르기 시작한 거야.

모든 공포 영화가 그렇듯, 지나친 호기심과 모험심이 바로 우리에게 닥쳐온 비극의 시작이었지. 이제 전 세계 동물원에서는 거의 빼놓지 않고 우리를 대표로 하는 많은 여우원숭이들을 전

알락꼬리여우원숭이는 아침에 일어나 활동하기 전 단체로 일광욕을 한다.

시하고 있어. 누구에게나 인기가 있는 건 좋지만, 이 때문에 우리는 한때 야생에서 거의 멸종 직전까지 몰렸었어. 다행히 완전 멸종에 이르기 직전에 위기임을 깨달은 사람들이 뒤늦게야 우리들에 대한 생각을 바꾸어 요즘은 꽤 연구하고 보호하려고 노력하는 편이지.

아주 오랜 옛날, 무인도였던 이 섬에 아프리카에서 건너온 한 무리 배고픈 사람들에게 우린 친근함을 느꼈었지. 하지만 그들에겐 우리가 손쉽게 구할 수 있는 부시 미트(정글 고기) 정도로 생각되었고, 그 덕에 정착해서 우리를 매끼 끼닛거리로 삼았어.

먹을거리가 없어서 그런 건 어느 정도 이해를 해야겠지. 하지만 그것 때문에 이 고립된 섬에 갇힌 채 수영도 잘 못하는 섬 동물들은 모두 멸종 위기로 내몰려야 했어. 이제 다시 외지에서 온 다른 좋은 사람들 덕에 조금은 보호받고 있지만 여전히 사정은 크게 나아지지 않고 있어.

다행인 건 요즈음 원주민들도 사냥해서 먹는 부시 미트 대신 소나 돼지, 닭 따위 가축들을 치기 시작하면서 더 이상 우리를 끼닛거리로 여기진 않아. 다만 가축은 여러 가지 육지 동물의 질병을 옮겨 올 가능성이 높아서, 우리같이 청정 지역에 살아서 다른 질병들에 대한 저항력이 약한 야생 동물들에겐 매우 치명적인 위험이 될 수도 있어. 자연 속으로 가축을 들여온다는 건 사람에게는 매우 편리한 발상이지만, 이것 또한 자칫 야생 동물을 멸종 위기로 모는 중요한 요소가 될 수도 있다는 거지. 황소개구리나 베스 같은 외래종들이 들어와 붕어나 잉어, 메기 따위 토종 물고기의 씨를 말리는 것과 다를 바 없으니까.

우린 꼬리 길이가 몸길이만큼이나 길어. 이 긴 꼬리로 의사 표현도 하고, 균형도 잡고, 잠잘 땐 우리 몸을 감싸는 포근한 이불로 쓰기도 하지. 꼬리에 검은 고리 무늬가 여러 개 있어 호랑 꼬리 혹은 알락 꼬리란 이름으로 불려. 비록 적도 아프리카라지만 새벽이면 그래도 제법 추워. 그래서 몸을 충분히 데워서 활동하기 편하도록 하기 위해 해가 뜨는 동안 모두 모여서 요가 하듯 발을 펴고 앉아 단체로 일광욕을 한단다.

주로 땅 위에서 사는 침팬지나 개코원숭이 같은 아프리카 본 대륙 원숭이들과는 달리, 우린 나무 위에서 주로 생활을 하기 때문에 다리도 가늘고 길어서 땅 위를 걷는

독특한 걸음걸이의 알락꼬리여우원숭이

걸음걸이가 아주 불편해. 그래서 땅에서 걸을 때는 비스듬히 옆으로 걷는 부자연스런 자세를 취한 채 서서 춤추듯이 지그재그로 깡충깡충 뛰면서 걷는단다. 그렇다고 토끼나 캥거루처럼 모둠발로 잘 뛰는 것도 아니고, 뭐, 아무튼 걷는 게 불안하게 보여도 줄타기 선수들이 그렇듯 균형을 기가 막히게 잘 잡으며 걸으니 너무 걱정할 필요까지는 없어.

주식은 식물이나 벌레들이야. 비록 벌레를 즐겨 먹긴 하지만 그래도 엄밀히 말하면 채식주의자들이지. 달콤한 과일이 있으면 더욱 좋고, 바오바브나무 열매는 꽤나 좋아하는 열매 중 하나야. 요즘 바오바브나무 열매가 건강 과일(슈퍼 푸드라 불림)이라고

알려지는 바람에 사람들이 많이 채취해 가 이마저 줄어들고 있어 걱정이야.

현재 이곳 마다가스카르 섬은 15종이 넘는 우리 여우원숭이들과 70종 이상의 진귀한 카멜레온, 동화 어린 왕자에도 나오는 5000년을 산다는 거대한 바오바브나무를 보러 오는 유명 생태 관광지가 되었어. 이제 주민들도 굳이 사냥을 안 해도 먹고 살 생계 수단이 생기는 바람에 겨우 우린 멸종 위기에서 벗어나긴 했지만, 아직도 여전히 새로운 가축 질병과 서식지 파괴 등에 시달리고 있어. 앞으로의 미래가 어떻게 전개될지 전혀 짐작도 하지 못하겠어.

약한 동물을 사람이 보호해 주는 것도 어느 정도 필요하지. 하지만 자꾸 이런 식으로 작은 섬에 인구가 지속적으로 늘어난다면, 과연 이기적인 사람들이 자기 터전을 더 넓히지 않고 지금처럼 우리에게 순순히 야생의 터전을 나누어 줄까? 난 그게 더 걱정돼. 나중에 혹시 강제로 다른 곳으로 이주당해야 하는 일이 생길지도 모르겠어.

우리 새끼들은 우리가 보기에도 너무나 귀엽고 예뻐. 그래서 사람들은 우리 새끼들을 무척 탐낸단다. 예쁘고 좋은 것은 꼭 자기 손아귀에 넣어 갖고 놀아야만 직성이 풀리는 게 사람의 지독한 이기심이거든. 우리는 그런 새끼를 등에 업고 다니면서 2

년 동안 아주 정성스럽게 키운 뒤에야 겨우 세상에 조심스럽게 선보이는데 말이야.

우리 겉모습과 달리 냄새 대장이라는 별명이 붙어 있어. 겨드랑이와 발목에 액취선이 있거든. 거기서 나온 분비물을 손으로 잘 문질러서 온몸에 바르거나 나무에 묻히는 방식

어미젖을 먹는 알락꼬리여우원숭이 새끼

으로 영역 표시를 하지. 특히 무리로 다닐 땐 긴 꼬리에 골고루 발라서 살랑살랑 흔들면서 냄새를 풍기면, 무리를 단결할 수 있고 적에게는 강력한 경고라는 뜻도 되지. 물론 냄새 맡는 기능이 퇴화된 사람들에겐 이 방법조차 통하지 않아 탈이지만.

우린 암수 간 체구나 힘이 비슷해서 현명한 할머니를 중심으로 하는 모계 사회를 이루며 살고 있지. 보통 5마리~50마리까지 한 무리를 이루는데, 대장 암컷들끼리 서로 맞붙어 싸워서 한쪽이 지면 이긴 암컷 무리에 한꺼번에 흡수당하기도 해. 우린 걸을 때 두 팔을 들고 뒤뚱대며 춤추듯 걷지만, 서로 싸울 때

는 큰 원숭이들처럼 손발로 서로를 붙잡고 할퀴며 송곳니로 물고 뜯는 지독한 육탄전을 벌인단다. 여우원숭이는 6속에 15종이 있는데, 이들 모두 마다가스카르 섬에만 살고 있어.

우리 알락꼬리여우원숭이는 하얀 얼굴에 눈 주위와 코가 까만 게 특징이고, 어렸을 때는 눈이 예쁜 파란색이었다가 자라면서 밝고 용맹스러운 노란색으로 변한단다. 또 조그마한 입이 예쁘게 앞으로 조금 튀어나온 모습이, 개나 여우처럼 보인다고 해서 여우원숭이라고 부른다고 해.

학자들은 동남아시아의 나무 위에 사는 작은 아이아이나 안경원숭이처럼 우리를 원시 원숭이류로 분류하기도 하는데, 벌레나 잡아먹고 박쥐처럼 야행성인 조그마한 개네들하고는 크기부터가 다른 우리를 마치 진화가 덜 된 원숭이마냥 분류하는 건 말도 안 된다고 생각해. 우린 주로 밝은 대낮에 1km 남짓 거리를 걸어서 이동하고, 먹이도 찾고 놀이도 하며 활발하게 활동하다가 저녁에는 다시 무리끼리 오손도손 모여서 나무 위에 잠자리를 만들고 푹 자는 편이야.

시파카, 인드리, 붉은 목도리, 검은 목도리 등 모든 여우원숭이의 공통 조상은 먼먼 옛날 아프리카 대륙에서 살았어. 그러다가 지각 변동으로 일부는 대륙에서 떨어져 나오면서 독특한 고립 진화의 단계를 밟게 되었고, 그 결과 오늘날의 이런 다양하고 신비한 여우원숭이들의 모습을 갖추게 된 거지. 유일한 자연 천적으로 포사라는 몽구스 과의 육식 동물이 있는데, 적이지만 불쌍하게도 우리처럼 포획과 서식지 파괴로 이제 거의 멸종 단계에 이르러 버렸지 뭐야.

지금은 사람이 지배하는 세상이고 사람 숫자가 워낙 많으니 그들과 함께 더불어 살아가야 하는 거야 어쩔 수 없는 일이라 쳐도, 한 동물이 다른 동물에 의해 억지로 멸종당하면 다른 동물들과 식물에도 연쇄적인 멸종이 이어질 수 있다는 걸 사람들이 이제는 좀 깨달아야 해. 마치 이 마다가스카르 섬처럼 동물들이 살아가야 할 야생이 점점 줄어들고 있는 지구에, 어떻게든 함께 공존할 지혜를 더 늦기 전에 발휘했으면 정말 좋겠어. 로마 제국이나 몽고 제국 같은 한때 세계를 지배했던 모든 정복자들의 운명이 그러했듯, 지구를 호령했다던 공룡도 모두 멸종하고 말았듯, 천년만년 지구를 계속 지배할 수 있는 종족은 지구상 어느 역사 속에서 한 번도 존재했던 적이 없으니까 말이야.

Quiz

알락꼬리여우원숭이
ring-tailed lemur

학명 Lemur catta

분류 척추동물 〉 포유강 〉 영장목 〉 여우원숭잇과

멸종 위기 등급 IUCN Red List 위기(EN), CITES 부속서 Ⅱ

야생 개체 수 야생 2,000마리, 동물원 2,500마리 정도

사는 곳 아프리카 마다가스카르 섬 고유종

수명 약 20년

먹이 과일, 나뭇잎, 벌레

출산 모든 여우원숭이 종에는 뚜렷한 번식기가 있으며, 대개 2개월~5개월의 임신 기간을 거쳐 1마리의 새끼를 무리 모두가 동시 출산

Tip

1. 가장 잘 알려진 여우원숭이들은?

흰머리 · 알락꼬리 · 붉은 목도리 여우원숭이, 시파카, 인드리 원숭이.

2. 여우원숭이의 육아 방식은?

평상시는 주로 어미의 등에 새끼가 네 다리로 꽉 매달려 다닌다. 새끼는 편안할 때 앞으로 와서 어미 젖을 빨거나 어미의 보호 아래 땅으로 내려와 먹이를 먹기도 한다.

3. 마다가스카르 섬이 가지고 있는 3대 희귀 자연 자원은?

바오바브나무, 전 세계 70%를 차지하는 70종이 넘는 카멜레온, 15종 이상의 여우원숭이.

사막 여우

모래 위의 자유 영혼
fennec fox

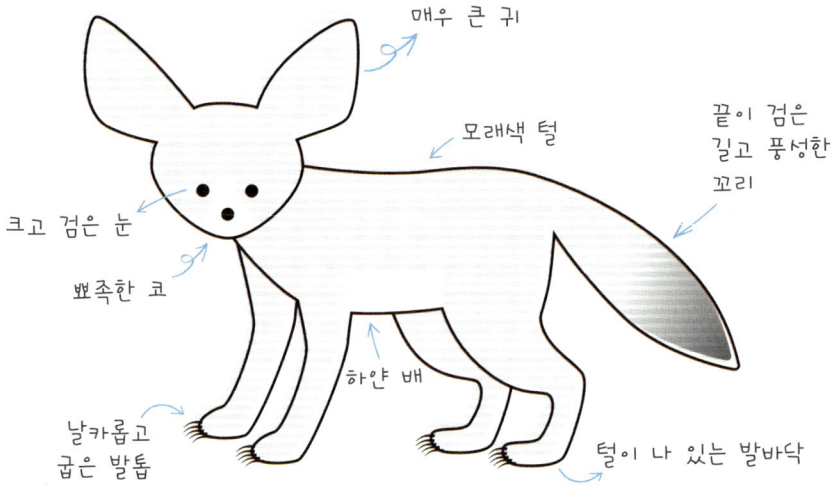

사막, 하면 아무도 못 살 것 같지만 꼭 그렇지만도 않아. 아프리카 사하라 사막과 칼라하리 사막에는 사막의 배로 불리는 단봉낙타 말고도 우리 같은 작은 사막 여우도 살고 있어. 사실 낙타나 사람은 사막에 사는 게 아니라 잠시 들렀다 가는 곳이지

만, 우리 사막 여우는 전갈 따위를 비롯한 여러 사막 곤충이나 뿔 살모사, 턱수염 도마뱀 같이 드문 사막 파충류와 더불어 그 거칠고 건조한 모래 품에서 평생을 살아가고 있어.

그런데 다른 동물을 피해 일부러 이처럼 열악한 곳을 택해 어렵사리 살아가는 우리 사막 여우에게도 점점 위기가 닥쳐오고 있으니, 큰일이야. 자동차 같은 탈 것들이 고도로 발달하면서, 점잖고 조용한 낙타대신 시끄럽고 무지막지한 자동차가 밀고 들어오면서부터 불모지였던 모래 왕국 사막에는 갑자기 도시와 함께 도로들이 생겨나기 시작했어. 덕분에 우리 같이 조그맣고 연약한 사막 여우의 운명은 그야말로 바람 앞의 등불(풍전등화) 신세가 되어 버린 거야.

사막 여우는 거의 울음소리조차 내지 않는, 그야말로 조용히 숨어 사는 동물이야. 행여 먹이를 제외한 그 무엇이라도 기척이 있으면 금방 땅속으로 숨어 버리는, 아주 소심한 동물이기도 해. 한때는 소설 『어린 왕자』 속 사막 여우로 유명했었고, 요즘은 누구나 좋아하는 애니메이션인 '뽀롱뽀롱 뽀로로'에서 '에디'로 등장해 한참 유명세를 누리는 캐릭터이기도 하지. 어느 여행자가 어두운 사막을 외로이 헤매고 있을 때, 작고 귀여운 사막 여우 한 마리가 다가와 준다면 그처럼 반가운 일은 아마 세상에 또 없을 거야.

일반적으로 사막 여우는 사람의 눈을 피해 살지만, 혹시 그중에 성격 좋은 녀석이 있어 호기심에 이끌려 사람에게 다가갈지 누가 알아? 사막 여우는 무리를 이루어 살지만, 특별히 우두머리가 있어 복종을 강요하거나 명령하지는 않아. 어느 한 마리가 무리에서 조금 일탈을 한다고 해도 그건 그의 자유 의지일 뿐이야. 프랑스 소설가 생텍쥐페리는 『어린 왕자』에서 우리를 철학적이고 친근한 동물로 묘사했지만, 소설 속 사막 여우와는 달리 낯선 누군가에게 쉽게 다가가거나 하지 않으며 결코 길들여지지 않는 자유로운 영혼을 지녔지.

우리가 주로 먹는 것은 벌레야. 벌레를 잡아먹으면서 그 속에 있는 소량의 수분을 섭취하는 까닭에 물은 거의 안 먹어. 우리를 뒤쫓는 사막 뿔 살모사나 사막 부엉이, 그리고 사바나와 사막의 경계를 오가는 하이에나나 자칼 같은 포악한 무리들을 피해 땅속으로 굴을 파고 숨어 살기도 해.

외모가 작은 여우처럼 생긴 까닭에 여우란 이름이 붙었고 또 그 취급을 받지. 북극에 사는 북극여우보다 훨씬 체구가 작고, 유럽이나 아시아의 은 여우나 붉은 여우와 비교해도 월등히 몸집이 작아. 처음 본 사람들은 대개가 이런 말, 스스로 밝히기엔 좀 부끄럽긴 하지만 다들 첫눈에 "귀엽다, 예쁘다!"를 연발하곤 하지.

동물원 사육장 속 사막 여우

　세계의 다른 여우들과 비교해도 얼굴이나 체구가 그들보다 훨씬 작지만, 몸집에 비해 아주 큰 귀를 가지고 있어. 또 사막의 뜨거운 열기를 피하기 위해 마치 털신을 신은 듯, 북극곰 발처럼 발바닥에 두터운 털이 나 있기도 해. 다른 여우와 마찬가지로 꼬리가 길고 털도 많아. 긴 꼬리는 주로 낮에 사막의 열기를 피해 땅속에서 잠을 잘 때나 저녁에 쉴 때 온몸을 감싸서 체온을 유지해 주는 이불 역할을 하지. 사실 사막의 낮은 불같이 뜨겁지만 밤은 무척 춥거든.
　수명도 겨우 10년 정도로, 그리 오래 살지 못해. 또 스트레스에도 매우 취약해. 그런데 사람들이 자꾸 우리 사는 터전을 침범하면서 억지로 우리와 친해지려 하면 할수록 보기와는 달리 굉장한 스트레스를 받아 생식 활동도 포기할 정도야. 결국 수명도 짧아지고 스스로 멸종해 버리기 쉬운 민감한 동물이지.

우린 주로 1월~5월 사이에 임신을 하고, 50일 후에 한 배에 2마리~5마리 정도 새끼를 낳아. 새끼는 생후 70일까지 어미젖을 먹는데, 3주째가 되면 젖과 고기를 함께 먹기 시작해. 사막 근처에 사는 원주민들은 예로부터 진귀한 모피로 쓰거나 아니면 무료함을 달래기 위한 애완용으로 우리를 기르려고 했어. 아주 먼 신석기 때부터 사냥 기록이 있으며, 성격이 예민해서 가두어 키우면 거의 번식을 하지 못 한단다. 야생에서 밀렵이 성행하는 이유이지.

땅바닥이 단단한 곳을 골라 그 아래를 안식과 자기 보호를 위해 여러 갈래로 참호 같은 땅굴을 파고, 주로 가족 단위로 무리 지어 생활한단다. 가족 구성은 대개가 일부일처제로, 암수 한 마리씩에 새끼까지 모두 다 해 10마리 정도로 혈연 조직을 이루며 더 이상 조직을 늘리지 않아. 수컷은 영역을 지키기 위해 가끔 다른 수컷과 조용하면서도 치열한 싸움을 벌이기도 해.

천적은 하이에나, 자칼, 부엉이(주로 새끼를 사냥하지)이고, 야생에선 야행성이지만 사육되면 낮에도 곧잘 활동하기도 해. 먹이는 주로 땅에 사는 곤충, 작은 파충류, 새나 새알, 과일, 풀, 나무뿌리 따위를 먹는데, 여기서 자연스럽게 수분을 섭취하지. 그러니 따로 물을 먹지 않아도 살 수 있어.

생 텍쥐페리가 소설 「어린 왕자」에서 직접 그린 사막 여우

곤충을 사냥할 때는 큰 귀로 곤충의 날갯짓이 내는 저주파 음을 들어. 그리고 땅에 귀를 바짝 대고서 땅속 울림을 듣고는 파헤쳐서 먹잇감을 찾아내는 초감각을 발휘하기도 한단다. 출생 후 9주~12주 정도가 지나면 대부분 성 성숙기(새끼를 낳을 수 있는 시기)에 이르지만, 다음 출산기가 올 때까지 독립하지 않고 가족과 함께 지낸단다.

바깥 기온이 올라가면 귀와 발바닥에 있는 혈관이 자율적으로 늘어나 체온 조절을 하며, 높은 온도에서는 체온이나 움직임 따위를 통해 마치 변온 동물처럼 신진대사를 탄력적으로 높이거나 낮춰서 모진 사막의 기후에 대응하기도 해. 사하라 사막과 수단의 누비라 사막 등 북아프리카와 중동의 사막 지대에 5종의 사막 여우가 여러 곳에 폭넓게 흩어져서 살고 있어. 제2차 세계 대전 때는 독일군 아프리카 군단의 명 지휘관 롬멜의 별명이었

17세기 삽화 '사막 여우가 있는 밤' (G. 뮈첼, 1875년)

고, 지금은 알제리 축구 국가 대표팀(The Fennecs)의 상징 동물로도 유명하단다.

끝으로 사막에 사는 사막 여우 종은 페넥 여우(Vulpes zerda), 아프간 여우(Vulpes cana), 케이프 여우(Vulpes chama), 흰 꼬리 모래 여우(Vulpes rueppelli), 검은 꼬리 모래 여우(Vulpes pallida) 다섯 종류로 나뉘어 있지.

"다른 발자국 소리는 나를 땅 밑으로 숨게 만들지. 하지만 너의 발자국 소리는 음악처럼 나를 불러내게 될 거야." – 생텍쥐페리의 『어린 왕자』에서 사막 여우가 한 말 –

Tip

사막 여우
fennec fox

학명 Vulpes zerda

분류 척추동물 〉 포유강 〉 식육목 〉 갯과 〉 여우 속

멸종 위기 등급 IUCN Red List 관심 필요(LC), CITES 부속서 Ⅱ

야생 개체 수 측정 불가(감소 추세)

사는 곳 아프리카 전역

수명 10년~12년

먹이 곤충, 작은 동물, 열매

출산 약 51일 간의 임신 기간을 거쳐 한 배에 2마리~5마리를 낳는다.

Quiz

1. 사막 여우와의 길들이기 대화로 유명한 프랑스 작가 생텍쥐페리의 자전적인 소설은?

어린 왕자.

2. 사막 여우와 다른 여우들과의 두드러진 차이는?

귓바퀴가 몸에 비해 월등히 길다. 체구가 작다. 발바닥에 털이 많이 나 있다.

3. 사막 여우가 수분을 섭취하는 방법은?

먹이에 포함되어 있는 수분 섭취만으로도 가능(동물들의 몸 수분 함량은 대개 몸무게의 50% 이상을 차지하기 때문에)하다.

'주걱 부리 황새'라! 이름부터가 좀 이상하지? 그런데 내가 나 자신을 봐도 생긴 모습이 좀 그래! 그래서 날 두고 마지막 남은 '공룡(익룡)의 후예'라는 별칭으로 부르기도 해. 내가 중생대에 번성하던 공룡과 같은 파충류와 조류의 특징을 모두 가진 익룡 또

는 시조새를 연상시킨다면서 그렇게 부른다는군. 대부분의 사람들은 익룡이나 시조새가 굉장히 클 것이라는 상상을 해. 하지만 사실 그들의 평균 크기는 까마귀 정도에 지나지 않아. 사람들이 상상하는 것보다 훨씬 작은 날짐승이었다는 거지. 만약에 우리가 이름도 생소한 부룬디 같은 아프리카 오지에서 살지 않았다면 진즉에 멸종되었을 거야. 아니, 이미 멸종 위기니까 이런 오지에서 쓸쓸히 살고 있는 것일지도 모르지.

우린 잘 날지 못하지만, 그보다 스스로 잘 날려고도 하지 않아. 왜냐하면 몸무게가 굉장히 많이 나가거든. 얼마나 나가냐고? 약 5kg 정도라면 믿겠어? "애개, 뭘 그 정도 가지고! 뭐가 무거워? 고양이 한 마리 정도 무게밖에 안 나가는 걸." 할지도 모르지만, 그건 새가 나는 원리를 잘 이해하지 못해서 하는 말이야.

비행기야 커다란 엔진 힘으로 날 수가 있지만, 우리 새들은 오직 작은 가슴 근육의 힘만으로 다리와 날개를 움직여서 날아야 해. 그러니 난다는 것은 몸에 있는 엄청난 에너지를 소모하는 일이야. 사람이 두 다리로 전력 질주할 때보다 훨씬 더 많은 에너지와 산소가 필요하다고 생각하면 돼. 사람이 매번 오랫동안 전력 질주할 수 있을까? 없지! 새도 마찬가지야. 될 수 있으면 조금이라도 먹이가 땅에 있고 위험만 없다면, 아예 땅에 자

파피루스 숲속의 주걱 부리 황새

리 잡고 날지 않으려는 것 또한 새의 본능이라고 할 수 있어.

  비행기 무게를 줄이기 위해 가벼운 특수 재료를 쓰는 것처럼, 일단 새도 날기 위해서는 무엇보다 몸무게가 가벼워야만 해. 그래서 새들 대부분은 5kg 미만의 아담한 몸무게를 유지한단다. 비만으로 새가 날지 못한다는 것, 그건 곧 죽음을 의미하는 무서운 말이야. 이런 이유로 5kg(최대 10kg까지도)쯤 나가는 우리 주걱 부리 황새를 날 수 있는 새 중 가장 무거운 새라고 부르며, 날 수 있는 새의 몸무게 한계선으로 보기도 한단다.

  황제펭귄이 30kg, 에뮤가 50kg, 타조는 100kg도 더 나가.

그래서 걔들은 절대 날아오르지 못해. 결국 무거운 몸 때문에 하늘을 나는 걸 포기하게 된 거지. 이렇게 나는 것이 힘들고 어려운 까닭에 우린 좀체 날려고 하지 않아. 그래서 푸드득거리는 어색한 몸짓을 하며 물속으로 달아나려는 우리는 천적이나 사람들의 손쉬운 사냥 표적이 되었지.

앞서 우리를 공룡의 후예라고 부른다고 말했었지? 그만큼 독특하고 우람하기 때문이야. 그래서 사람들은 우릴 진귀한 물건처럼 여기는 거지. 동물원 중에는 우릴 상징처럼 쓰는 곳도 많아. 세계 어느 동물원에서나 꼭 전시하고 싶은 인기 동물 1순위로 꼽히는 바람에 한동안 수요를 채우느라 밀렵마저 성행했었어. 물론 고기가 부족한 원주민들은 처음엔 먹으려고 잡았지만, 동물원에서 인기가 치솟자 생포해 파는 것이 사냥해서 먹는 것보다 이득이라는 생각을 하게 된 거야.

지금은 생태 관광용이 되어 오히려 원주민의 보호를 받는 처지니 "우리 운명이 사람 손에 달려 있으니 참으로 기구하다."라는 생각에 삶이 무상함을 절로 깨닫게 돼. 우린 주로 개구리나 도마뱀 따위 양서류나 파충류를 잡아먹으면서 살아. 물고기는 워낙 빨라서, 행동이 느린 우리들이 좀처럼 사냥하기가 힘들어. 부리 모양이 크고 뭉툭한 덕에, 단단한 옛날 유럽식 나막신을 연상시킨다고 해서 서양에선 신발짝 황새(shoebill)라고도 부른단다. 너무 외모에만 치중해서 지은 이름들이라 그런지, 대부분 썩 마음에 들지는 않아.

비록 모습이 이래도 우린 날 수 있는 새 중에 가장 무거운 새임에는 틀림없어. 현대는 개성 시대잖아. 그래서 배우도 마냥 잘생긴 것보다 약간 못생겨도 개성 있는 배우가 더 대접받는 것처럼, 바로 우리가 생김새나 행동하는 모든 면에서 개성 만점이라고 할 수 있지. 우린 바라보기만 해도 재미있고, 좀 무섭기도 하면서 정겹기도 한 묘한 이중적 매력을 지니고 있다고들 해. 뭐, 가까이 하기엔 좀 두려워도 조금만 떨어져서 바라보면 너무나 흥미로운 공룡이나 코끼리, 하마, 코뿔소를 보는 그런 느낌이랄까? 그런데 사람에게 인기 있다는 건 결코 좋은 일만은 아닌 것 같아. 사람은 좋은 게 있으면 꼭 소유하려 드니까. 사람이 세상에서 가장 욕심 많은 동물일 거야.

우린 고대 이집트에서 종이로 사용했다는, 갈대를 닮은 파피루스가 풍부한 수단, 우간다, 부룬디, 탄자니아 같은 나라가 있는 중동부 아프리카의 강가 늪지대에 살고 있어. 사는 곳에서 멀리 벗어나지 않으면서 태어난 고향 부근에서 평생을 살아가지. 날개를 편 길이는 230~260cm정도 되고, 몸길이는 115~150cm, 키는 90~120cm 정도 돼. 주로 4월~5월경에 직경 1m 크기의 풀 둥지를 풀숲에 만들고 청록색 영롱한 알을 두

개 낳은 다음, 그중 하나만 골라 암수가 번갈아 품어서 약 30일 뒤에 10cm 정도 되는 작은 새끼를 부화시키지. 사냥해 온 먹이를 토해 내가며 45일 정도 새끼를 열심히 키우면, 105일 즈음에는 독립할 수 있고 112일께는 드디어 스스로 날 수 있게 된단다. 그 후에도 3년 정도 더 지나야 알을 낳을 수 있는 성 성숙기가 오고, 다른 황새들과 비슷하게 35년 정도를 살아.

동물원처럼 가두어 사육하는 곳에서는 알을 낳는 행동조차 거의 하지 않아! 그러니 우리를 가둬 키우는 것만으로 멸종을 방지하고 많은 번식을 통해 자연에 다시 돌려보낸다는 현대식 동물원의 명분은 아무 의미가 없지. 우린 새끼 땐 회색이고, 자라면서 노란색이던 눈동자가 나이가 들수록 청색으로 변하니, 우리가 나이 듦을 눈동자로도 확인할 수 있단다. 현재 자연에서 살고 있는 우리 야생 개체 수는 대략 5,000마리~8,000마리 정도지만, 서식지 파괴와 밀렵으로 해마다 생존 개체 수가 점점 줄어들고 있어.

부리 크기는 가로 세로 길이가 비슷한 20cm 정도며, 네모꼴이지. 윗부리 끝에는 날카로운 발톱 같은 돌기가 하나 나 있는데, 작은 먹이를 잡았을 때 부리 사이로 빠져 나가는 걸 방지하고 심지어 물에서 먹이를 감지하는 감각 수염 역할까지 하는 중요한 부속 기관이란다. 우린 물고기 같은 먹이를 잡을 때는

물가에서 사냥을 준비 중인 주걱 부리 황새

몇 시간 동안 가만히 물속에 발을 담그고 선 채 아래만 뚫어지게 바라보며 꼼짝도 하지 않아. 그러다 먹이가 오면 마치 사자가 먹잇감을 덮치듯 그야말로 온몸을 내던져서 낚아채지. 보통 긴 부리에 목이 긴 황새들은 목과 부리만 이용해서 가볍게 사냥하지만, 우린 목과 다리가 몸에 비해 매우 짧으니 온몸을 던질 수밖에 없어. 우린 몸무게가 수컷은 5.6kg, 암컷은 4.9kg 정도 나가. 흔히 새가 날 수 있는 한계 몸무게라고 하지.

과거에는 우리 이름처럼 당연히 황새목으로 분류되었는데, 현재는 펠리컨이 속해 있는 사다새 목으로 다시 분류가 되었어.

하지만 망치 머리 황새와 더불어 아직도 황새라는 이름으로 불리고 있으며, 발가락도 펠리컨과 달리 물갈퀴가 없단다. 어쩌면 황새와 펠리컨, 이 둘의 특징을 모두 가지고 있다고 생각하면 더 이해하기 쉬울 거야. 넓적하고 큰 부리에 다소 둔탁한 몸집만 보면 커다란 주머니 부리를 가진 펠리컨에 더 가까워 보이지만, 대신에 거의 울지 않고 황새처럼 아래위 부리를 부딪치며 구애나 경고를 하는 클래터링(clattering) 동작들을 하는 걸 보면 황새 같기도 하다고 해. 사실 나도, 나의 정체성이 조금은 헷갈리긴 해! 하지만 그냥 난 주걱 부리 황새야.

Tip

주걱 부리 황새
shoebill stork

학명 Balaeniceps rex

분류 척추동물 〉 조류강 〉 사다새 목 〉 넓적부리 황샛과

멸종위기 등급 UCN Red List 취약(VU), CITES 부속서 Ⅱ

야생개체 수 약 5,000마리~8,000 마리

사는 곳 아프리카 북동부 강과 늪지대

수명 약 35년

먹이 작은 포유류, 조류, 양서류, 물고기

산란 땅바닥에 둥지를 틀며 1개 또는 2개의 알을 낳고 보통 한 마리만 성장시킴.

※ 일본에서 인기가 좋은 이 새를 따로 하시비로 코우(부리 넓은 황새란 의미)라 부르고 다양한 캐릭터 상품으로 쓰이기도 하며, 우리나라에서도 많은 애호가들이 이 명칭으로 부르기도 한다.

Quiz

1. 주걱 부리 황새라고 부르는 이유는?

부리 모양이 마치 큰 주걱 모양으로 생겨서. 다른 이름으로는 넓적부리 황새.

2. 최근 주걱 부리 황새를 황새목에서 다른 것으로 변경시킨 목은?

펠리컨, 가마우지와 푸른 발 뱁새가 속해 있는 사다새 목.

3. 새들이 날 수 있는 체중의 한계는?

주걱 부리 황새 기준으로, 몸무게 약 10kg정도를 새가 날 수 있는 한계로 본다.

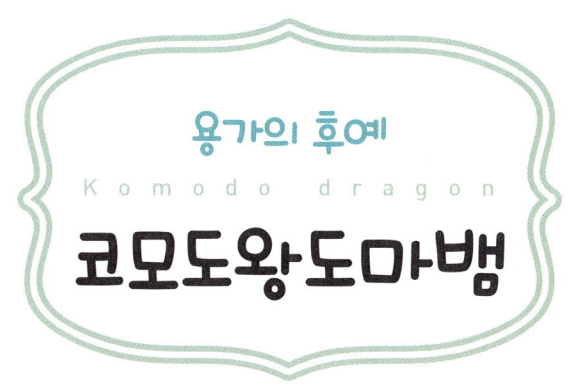

　세상에서 지금까지 '용(드래곤)'이란 이름으로 불리는 대표적인 동물이 두 가지가 있어. 비어드 드래곤(턱수염 도마뱀)이라는 사막 도마뱀과 바로 우리 코모도 드래곤(코모도왕도마뱀)이지. 그래, 맞아! 전설 속 용의 모습은 바로 발이 있는 뱀, 꼭 날개 달린 도

마뱀 모양이거든. 물론 동양의 용은 뱀처럼 좀 길긴 하지만 말이야. 우린 적도 부근 인도네시아 코모도 섬에만 국한해서 살고 있어. 갈라파고스의 바다 이구아나나 호주의 캥거루처럼 섬 고립 진화의 대표적인 표본 동물이라고 불리기도 하지. 선사 시대 이전의 옛 모습을 그대로 간직한 화석 동물이라 부르기도 하고.

예전에 사람이 없던 원시 코모도 섬은 생태계가 잘 발달되어 동식물이 균형을 이루며 살던 지상 낙원이었지. 한때 우린 10만 마리가 넘게 섬 최고의 포식자로 번성한 적도 있었어. 사람들의 무기가 변변찮던 그 시절엔, 우리가 사는 섬에 들어가면 용의 후예 또는 무섭게 생긴 육지 악어에게 죽음을 당한다는 미신까지 생길 정도였어. 사람들은 우리가 두려워서 좀처럼 가까이 올 생각조차 못했었으니까. 그때는 정말 우리 코모도왕도마뱀의 천국이었지.

하지만 20세기 초, 칼과 총 따위 성능 좋은 살상 무기가 개발되면서 호전적인 사람들이 모험과 개척을 구실로 이 미지의 섬에 발을 딛기 시작하면서부터 우리의 낙원은 형편없이 짓밟혀 버렸어. 사람이 들어오면 가축과 질병은 덤으로 함께 오지. 또 사람에게는 농작물을 심기 위한 넓은 땅이 필요하니 정글과 습지가 그만큼 줄어들고. 뿐만 아니라 개간한 땅에는 한두 가지 농작물만 대량으로 재배하니 동식물의 균형마저 깨지는 거지.

또 사람에게 위험하고 가축을 해칠지도 모른다는 막연한 두려움만으로 위험한 육식 동물은 아무런 양심의 가책 없이 무조건 적으로 간주해서 해치워 버리지. 당연히 우리 코모도왕도마뱀도 무기의 압도적인 힘을 등에 업은 사람들에 의해 거의 멸종 직전까지 몰렸어.

그러다가 최근 여기 섬사람들도 먹고 살기가 좀 나아졌어. 게다가 우리를 보려고 오는 생태 관광객이 늘어나기 시작하면서 섬이 관광업으로 활성화되었어. 그런데 이게 또 돈이 되니까, 사람들은 그때서야 부랴부랴 우리를 보호하지 않으면 안 되겠다 싶어 적극적인 보호에 나서고 있기도 해. 내가 위험하니까 적을 없애려 하는 건 원초적인 방어 본능이기도 하지만 자연의 모든 동물들은 사람처럼 약자인 상대를 필요 이상으로 모조리 죽이려고 하진 않거든. 사람은 끝을 보아야 하는 동물이잖아! 그러다 돈이나 되면 겨우 살생을 중지하거나, 아니면 그냥 잡아서 내다 팔거나 하지.

우리가 가까이 접근하긴 조금 위험한 동물이긴 해. 하지만 인간에 비하면 훨씬 작고 느린 편이니 쉽게 다룰 수 있고, 마치 고대 전설에서나 나올 법한 용처럼 생긴 크고 진귀한 모양의 파충류이다 보니, 특이한 것을 쫓아다니는 사람들의 호기심을 채우기 위해 전 세계의 모든 동물원이나 심지어 개인들에게도 몰래 팔려 나가곤 해. 지금 야생에 살고 있는 마릿수보다 사육당하는 마릿수가 훨씬 더 많아지는 날도 얼마 남지 않았어.

우린 힘상궂은 겉보기보다 훨씬 느리고 순박한 동물이야. 그리고 내 영역에 들어온 먹잇감 이외에는 다른 어떤 누구도 해치려는 의도는 없어. 그러니 다만 무섭게 보인다고 다 적으로 여기는 건 아주 옳지 않아. 사람이 무섭게 생겼다고 해서 무조건 나쁘다고 생각하지 않는 것처럼 말이야. 사람들끼린 서로 관용을 베풀라고 가르치면서 왜 우리 동물들에겐 그렇게 인색한지, 도통 모르겠어.

파충류는 사실 매우 약한 동물이야. 변온 동물이라 환경에 의지해 살아가야만 하니까. 만약 기후가 조금만 바뀌거나 서식지가 파괴되어 버린다면, 기후가 비슷한 다른 곳으로 대규모 이주가 되지 않는 한 거의 살아남지 못해. 특히 섬에 고립된 채 진화했다면 물고기가 아닌 이상 생소한 바다를 헤엄쳐 건너서 이주할 수도 없지. 그러니 파괴적인 공격을 피해서 피난할 수도 없이 고스란히 죽음을 맞이해야 할 뿐이야.

우린 암컷 혼자서 처녀(단성) 생식도 할 수 있어. 처음 동물원에서 그런 현상이 관찰되었을 때 모두 깜짝 놀랐다고 해. 짝도 없는데 새끼가 태어났으니까 말이야. 마치 영화 '쥐라기 공원'에서 공룡이 스스로 단성 생식을 하여 숫자를 늘린다는 구상과 비

두 갈래로 갈라진 코모도왕도마뱀의 혀는 10km 밖에서도 죽은 동물의 냄새를 맡을 수 있다.

숫하지 않니? 그게 바로 우리 코모도왕도마뱀의 생식 비밀에서 따온 설정이라고도 해. 하지만 그런 식으로 어쩔 수 없이 단성 생식을 하다 보면, 유전적 다양성과 번식력이 없는 약한 개체들만 태어나게 되어 금방 종 전체가 멸종할 수도 있는 매우 위험한 최후의 생존 방법이지.

우리는 비슷한 크기의 육식 포유동물인 늑대나 코요테 따위보다 턱과 이빨이 약한 대신 이빨 표면에 매우 강한 독이 있는 세균이 공생하고 있어. 썩은 고기도 즐겨 먹는 덕분에 입 안에 50종이 넘는 독소를 뿜어 대는 세균들이 항상 자리 잡고 있으니,

이들이 내는 독을 마치 칵테일처럼 섞어 놓으면 지구상에서는 비교할 수 없는 강력한 맹독이 되는 거야. 우리에게 한 번 물리면 우리 의도와는 상관없이 패혈증과 혈압 저하로 몇 시간 또는 얼마 못 가 독이 온몸에 퍼져 죽게 되지.

우리는 사냥감이 죽어 가는 냄새를 맡으면 너나없이 몰려들어 누가 처음 사냥했는지도 모르는 사냥감에 악착같이 달라붙어서 뜯어 먹어. 하지만 동족끼리는 그 독한 세균 독소에 감염되지는 않아. 사냥뿐만 아니라 죽어서 어느 정도 부패한 고기라도 독수리나 하이에나처럼 식중독에 걸리지 않고, 먹고 소화시키는 데 전혀 지장이 없어. 그래서 섬의 장의사 또는 청소부 역할마저 덤으로 도맡아 하고 있지.

우린 나쁜 세균들과 적절한 공생 관계를 유지하고 있다고 할 수 있어. 사람들은 이것이 매우 신기해서 그렇게 독한 세균에 견디는 방법을 알아내면 항생제 못지않은 약을 발견할 수 있지 않을까 하는 생각을 한 거야. 그 결과 한때 제약 회사에서는 우리를 잡아다 일본의 731부대처럼 생체 실험 도구로 삼기도 했어. 끊임없이 사람은 잔인한 방법으로 우리를 지속적으로 괴롭혀 온 거야.

두 갈래로 갈라진 긴 혀는 10km 떨어진 곳에서 죽은 동물의 냄새도 맡을 수 있어. 사람 코보다 훨씬 예민한 감각 기관이니

코모도왕도마뱀의 사냥

혀를 자주 날름거린다고 해서, 놀리는 거냐고 우습게 여기진 말아 줘.

우리는 대개 바다를 끼고 있는 숲 지대에서 5월~6월쯤에 짝짓기를 하고, 7월~8월에 알을 30개 정도 낳아. 알을 먹는 천적을 피하기 위해 위장 구멍을 여러 개 판 뒤에 그중 한 구덩이에 몽땅 알을 쏟아 묻지. 그러면 8~9개월 정도 긴 시간이 지나야 비로소 새끼들이 부화되어 나온단다.

새끼들은 작고 연약해서 다른 코모도왕도마뱀의 눈에 띄면 바로 잡아 먹히니까, 부화하자마자 바로 정신없이 나무 위로 올라가. 거기서 몸길이 1.5m가 될 때까지 1년 이상을 새들처럼 조그마한 벌레들을 잡아먹으면서 매우 조심하며 살아남아야 해. 이런 어렵고 힘든 시련의 시기를 겪은 다음 비로소 나무에서 내려오는데, 땅 위에서도 다른 코모도왕도마뱀들과 경쟁하며 사냥과 다툼을 이겨내야만 살 수 있지. 6년이 지나야 비로소 새끼를 낳을 수 있는 어른이 되고, 만약 아무 일도 일어나지 않는다면 50년 가까이도 너끈히 살 수 있어.

주로 낮에 단독 생활을 하면서 저녁이면 굴을 파고 들어가 혼자서 자고 깨는 외로운 생활을 하지. 결혼 철이나 큰 먹이를 먹을 때는 어떻게 알았는지 한꺼번에 여기저기서 홀로 사는 암수 코모도왕도마뱀들이 몰려나와 함께 나누어 먹기도 해. 하지만 먹이가 부족할 때는 주변 동족들도 서슴없이 잡아먹는 비정한 측면도 있음을 고백한다.

동족 살해(카니발리즘), 이것 또한 사람의 간섭과 더불어 심각한 멸종 원인 중 하나이기도 해. 꼭 큰 고양잇과 동물이나 늑대 같은 천적이 없더라도 스스로 멸종하기도 하는 거야. 그것이 최상위에 있는 육식 동물들이 먹이가 부족하고 막다른 곳에 몰리면 일어나는 자연 소멸 현상이기도 하고. 그런 원인을 제공하는 것 또한 대부분 사람이지.

시속 18km인 비교적 느린 속도로 이동을 하지만 꾸준하고 지칠 줄 모르며, 자기가 한 번 문 동물은 그 동물이 죽을 때까지 추적하는 인내심과 끈기가 있지. 수영은 좀 할 줄 아는데, 물은 매우 싫어해서 물고기는 거의 안 먹어. 새끼 때는 쫓기면 어쩔 수 없이 바닷속으로 곧잘 도망치기도 하지만 말이야. 새끼 때는 비늘 피부색이 이구아나처럼 깔끔한 초록색 계열이었다가 자라서는 어두운 회색으로 색깔이 변한단다.

두 발로 일어서는 코모도왕도마뱀

우린 '세상에서 가장 크고 무서운 도마뱀'이라는 별칭이 있지. 몸의 절반을 차지하는 꼬리 길이까지 합쳐 길이가 2~3m, 무게는 50~125kg까지 나가. 완전 육식성이며 포유류, 파충류, 곤충 따위를 잡아먹는데 그중에서도 주로 사슴, 야생 멧돼지, 물소 같은 동물들은 한 번에 자기 몸무게의 80%까지 먹고도 소화시킬 수 있단다. 이른 아침에 일어나 햇볕을 쬐며 체온을 높인 다음 활동을 시작하는데 뜨거운 한낮에는 만사 제치고 그늘에 들어가 푹 쉬어. 그리고 수시로 해변에서 일광욕을 즐긴단다.

현재 인도네시아 코모도, 페이더, 길리모탕 세 섬에서 5,000마리 정도만 살고 있으며, 극멸종 위기에 몰려 있는 세계에서 가장 강력하지만 가장 위기의 도마뱀이기도 해. 우리가 진정 원하는 건 멋진 전설 속 동물로 남는 게 아니라 자연 깊은 곳에서 신기루처럼 보이지 않게 오래 살아가는 거야.

Tip

코모도왕도마뱀
Komodo dragon

학명 Varanus komodoensis

분류 척추동물 〉 파충강 〉 뱀목 〉 왕도마뱀 과 〉 왕도마뱀 속

멸종 위기 등급 IUCN Red List 취약(VU), CITES 부속서 I

야생 개체 수 약 5,000마리

사는 곳 아시아 (인도네시아)

수명 약 30년

먹이 동물의 썩은 고기가 주된 먹이이며, 먹이를 찾아 매일 수 킬로미터씩 배회한다.

산란 9m 정도 깊이까지 땅을 파서 산란하며, 알은 4월~5월경에 부화한다.

Quiz

1. 코모도왕도마뱀이 가진 독성분은 어디서 유래하나?

입 안에 있는 50종이 넘는 각종 독성 세균들이 내놓은 독소의 칵테일(혼합물).

2. 청소부(스캐빈저)라고 부르는 동물들(하이에나, 독수리, 코모도왕도마뱀)이 썩은 고기를 먹어도 식중독에 걸리지 않는 이유는?

위산이 다른 동물에 비해 10배 정도 강력해서 모든 것을 순식간에 녹일 수 있기 때문에.

3. 단성 생식이란?

배우자 없이 암컷 혼자 알이나 새끼를 낳는 현상. 처녀 생식, 단위 생식이라고도 하는데, 대를 잇지는 못한다.

강호의 절대 강자
Eurasian river otter
수달

- 여닫을 수 있는 작은 귀
- 여닫이 코
- 윤기 나는 진한 갈색 털
- 머리 끝 쪽에 있는 눈
- 감각 수염
- 길고 부드러운 꼬리
- 작은 앞발
- 밝은 갈색 배
- 물갈퀴가 있는 발가락

    요즈음 웬만한 큰 강가에 놀러갔을 때, 눈썰미 좋은 사람이라면 우리 수달들을 해질녘이나 한밤중에 종종 볼 수 있어. 그런데 몇 년 전만 해도 우리가 거의 멸종한 줄 알았대. 그래서 부랴부랴 멸종을 막아보려고 천연기념물로 지정(330호, 1982년도)하기도 했어. 그렇게 지정해 놓으면 사람들이 법에 따라 처벌받을까 봐 우릴 함부로 사냥하거나 잡아가지 못하거든. 그동안 사람들은 우리가 사람이 좋아하는 붕어나 잉어 따위 물고기를 잡아먹는 나쁜 놈들이라고 죽이고, 물속에서 사시사철 잘 견디며 사니 "모피가 얼마나 좋겠냐?"며 또 사냥해서 죽였어. 이렇게 오랜 시간 잡아 없애다, 어느 날 강을 보고는 그 흔했던 수달이 갑자기 모두 사라진 걸 뒤늦게 깨달은 거지.

그렇게 핍박을 해대니, 우리라고 언제까지나 그냥 있을 수만은 없어서 잔인한 사람의 눈을 피해 깊은 산중에 숨은 채 겨우 살아남아야 했지. 예전엔 무서운 줄 모르고 활개치며 살던 너른 강가에서 쫓겨 거의 도망자처럼 산속 깊은 곳으로 들어가 살면서, 맛 좋고 영양 많고 강에 널린 큰 물고기 대신 아주 작은 피라미나 개구리, 도롱뇽, 가재 따위 작은 동물들을 잡아먹으면서 연명하고 있었던 거야.

우리가 비록 동물계에선 '강의 제왕'이라고 불리지만 사람 앞에서는 어림없지. 예전엔 우리 수달은 보이는 족족 죽음을 면치 못했거든. 요즘에 와서야 겨우 동물을 바라보는 시선이 바뀌어 우리를 보고 예쁘다느니, 귀엽다느니, 귀하다느니 하면서 보호다, 뭐다 하지만 옛날에 보호가 어디 있었어? 그냥 야생 동물은 다른 사람이 잡기 전에 먼저 잡으면 그 사람이 고기와 모피의 임자였지.

　그리고 우리가 사라진 또 한 가지 중요한 이유는 환경 오염이라고 하겠어. 사람은 농사에 필요한 관개용수나 공장 용수로 쓴다

한 번이라도 수달을 본 사람은
그 누구도 수달의 매력에서 헤어날 수 없다.

고 강물을 온통 끌어다 쓰고 난 다음, 오염된 물을 하수로 다시 강에 방류하면서 온갖 더러운 것들도 함께 내다 버렸지. 또 강가나 물가 갈대밭 따위를 모조리 없애면서까지 길을 만들었지. 이러는 통에 우리 먹이인 물고기들이 다 사라져버렸으니, 삶의 터전을 우린 아예 빼앗겨 버린 거야.

　우린 보기보단 굉장히 조심스러운 동물들이야. 그래서 사람이나 큰 동물이 우리가 사는 근처에 자주 나타나면 아예 먼 곳으로 옮아가 버려. 우린 강물을 따라 하루에 10km 이상도 너끈히 이동하니, 하루아침에 삶의 터전으로 삼고 있던 강가에서 다른 곳으로 홍길동처럼 옮아가는 것도 그만큼 쉬운 일이기도 해. 가진 것도 집착할 것도 없으니까, 몸만 옮기면 되니 말이야. 이동 시엔 대부분 물길을 따라 수영을 하면서 조용하게 움직이지.

　우리는 주로 혼자 다니지만, 번식 철이나 새끼를 키우는 육아

기에는 잠시 동안 사랑하는 짝이나 새끼 한두 마리씩과 함께 다니기도 해. 그때는 물론 연인과 가족들이 곁에 있어 더욱 신나고 좋지만, 그래도 우리는 기본적으로 혼자 잘 살아가는 편이야. 물속에서 은밀히 다가가 스릴 넘치는 사냥을 하고, 낮에는 조용한 굴속에서 충분히 잠을 자고는 달밤이면 바위섬에 올라가 흐르는 강물을 가만히 감상하는, 그런 아주 낭만적이고 군더더기 없는 삶을 좋아하지. 이것이 야생에서 표범이나 매처럼, 비록 고독하지만 품위 있는 킬러들이 살아가는 기본적인 삶의 방식이기도 해.

전 세계 수달(아마존 큰 수달(giant otter)을 비롯해 현재 13종) 대부분은 이런 비슷한 이유로 멸종 위기에 처해 있어. 세계 어디서든 우리가 점점 사라지는 가장 중요한 원인은 무자비하고 동물에게 특히 잔인한 사람 덕분이지. 그 어떤 무서운 동물도 사람이 벌이는 행위와는 감히 비교조차 할 수 없어.

가령 크기가 2m가 넘고 체중이 30kg에 달하는 아마존 큰 수달도 가끔 아나콘다나 재규어, 카이만 악어와 얼마 안 되는 먹이를 두고 다툼을 벌이긴 하지만, 거대한 아마존 강이 있는 한 서로 큰 경쟁 없이 물고기들을 잡아먹으면서 행복하게 살 수 있었어. 그런데 아마존 원주민이 아닌 총과 기계들로 무장한 외지 개척자들이 들어와 본격적으로 수달을 비롯한 모든 야생 동물을

물고기를 사냥한 수달

살육하고 괴롭히기 시작한 거야.

 '관광이다, 개발이다'를 내세우며 마구 강을 어지럽히고 넓은 면적의 밀림 개발과 물고기들을 깡그리 남획하는 통에, 영원할 것 같았던 아마존 강의 최강 포식자 중 하나이던 큰 수달의 삶은 영토와 먹이들을 점점 잃어 가면서 생명을 위협받는 처지에 놓여 있지. 사정이 모두 이렇다 보니, 자연히 우리도 자연에서 그리고 지구상에서 사라져 가는 동물 중 하나가 되어 버린 거야. 우린 최고 수준의 전문 포식자이니만큼 구차하게 목숨 따위를 구걸하진 않아. 대신 우리가 평생 살던 곳에서 그대로 조용하고 깔끔한 죽음을 맞이할 수 있길 바랄 뿐이야.

여기서 잠깐, 한국에 사는 유일한 종인 유라시안 수달(학명 lutra lutra)을 간단히 소개할게. 몸길이 60~70cm, 몸무게 5.8~10kg, 꼬리 길이 41~55cm에 머리는 납작하고 귀여운 원형이고 코가 둥근, 아주 아담하고 귀여운 강아지 같은 외모를 하고 있지. 눈동자는 까맣고 작지만 앞을 똑바로 응시할 수 있는, 사람과 같은 양안시(양쪽 눈에 맺힌 상을 하나의 입체로 만들어 보는 것)이며, 귀는 얼굴에 비해 아주 작고 코와 귀는 물속에 들어가면 저절로 닫혀 2분 이상 잠수해서 한 번에 400m 정도를 나갈 수 있어. 몸 전체에는 이중으로 털이 나 있고, 이 털가죽 안에 두껍게 발달한 피하 지방층이 있어서 한겨울에도 따로 살을 찌우거나 털갈이를 하지 않고도 씩씩하게 먹이 활동을 하며 겨울나기를 하지. 한겨울에는 동면하는 물고기를 따라 물이 깊은 댐이나 강가로 이동해서 살고, 여름에는 사람이 적은 강 상류 근처에서 주로 활동해. 파충류, 어류, 작은 포유류, 조류를 가리지 않는 육식 동물이지만 주식은 메기, 붕어, 잉어 같은 주로 큰 물고기야. 발가락에는 물갈퀴가 있지만, 발가락 다섯 개가 골고루 나 있어서 육상에서는 사람보다 더 빨리 달릴 수 있어. 강에선 최상위 포식자이며, 환경 지표 동물로서 생태계가 잘 발달된 깨끗한 강가나 호수 부근에서만 서식하지. 주로 추운 한겨울

풀밭 위의 수달 가족

인 1월~2월에 짝을 맺고 임신 기간은 65일. 새끼는 1마리~5마리(보통 2마리) 정도를 강가 바위 굴이나 나무를 얼기설기 엮은 굴 같은 임시 보금자리에서 낳아 암컷 혼자 6개월가량을 돌 본 다음 독립을 시키지. 수달은 20년 정도 살아. 높은 지능에 활발한 성격으로 낙천적이고 호기심이 매우 많으며, 누구에게나 친근해서 비록 포식자이긴 하지만 어렸을 때부터 키우면 곧잘 사람 손에 길들여진다고도 해. 주로 낙동강과 지리산, 오대산 등지에서 발견되었는데, 요즈음은 여러 도심 하천이나 강에서도 자주 목격되고 있지. 한국 수달 역시 모피를 노린 무분별한 사냥과 강의 환경 오염으로 국내외적으로 천연기념물과 멸종 위기 동물로 지정되어 보호받고 있지. 혼자서 미끄럼을 타고 눈 위에서 구르며 얼음을 지치고 노는 등, 놀이를 무척 좋아해. 생김새와 습성이 비슷한 해달은 북태평양 바닷가에 살며, 몸의 부력으로 물 위에 동동 떠서 배 위에 돌을 올려놓고 조개를 까먹거나 새끼를 올려서 돌보기도 하는 매우 귀엽고 천진스런 습성이 있어. 한때 인기 있었던 애니메이션 주인공 '보노보노'가 바로 해달이야. 후각, 청각, 시각 모두 발달했고 보이지 않는 어두운 물속에선 주로 입가에 난 긴 수염(감각모)을 이용해서 사냥을 하지.

인적 드문 물속에 살면서 사람과 동떨어져 조용히 사는 동물이라고 일부러 들쑤셔서 괴롭히거나 함부로 대하진 말아 줘! 우리가 이대로 생태계에서 영영 사라진다면, 아마도 강은 외래종을 비롯한 온갖 잡동사니 동물들이 서로 날뛰는 전쟁터가 될지도 몰라. 그럼, 사람인들 무사할까?

Tip

수달
Eurasian river otter, 水獺

학명 Lutra lutra

분류 척추동물 〉 포유류 〉 식육목 〉 족제빗과(13종)

멸종 위기 등급 IUCN Red List 위기근접(NT), CITES 부속서 I

야생 개체 수 약 10,000마리

사는 곳 산골짜기, 하천, 강, 저수지, 댐, 해안 및 섬 지역

수명 약 10년

먹이 물고기가 주식. 갑각류, 양서류, 파충류, 조류, 소형 포유류

출산 북쪽 지역에서는 겨울철에 짝짓기를 하고 봄에 새끼를 낳지만, 남부 지역에서는 한 해 내내 짝짓기를 하고 새끼를 낳는다.

Quiz

1. 수달은 겨울잠을 잘까?

수달은 두터운 털가죽과 피하 지방이 잘 발달해 추운 겨울도 문제없이 보낸다. 다만 물고기를 따라 물이 더 깊은 곳으로 간다.

2. 가장 큰 수달은?

아마존 큰 수달(몸무게 25~35kg, 꼬리 포함 몸길이 150~180cm).

3. 수달 똥을 알아보는 방법은?

강가 바위나 돌 위에 부서지기 쉬운 물고기 뼈 따위로 구성된 시커먼 녹색 똥이 바로 수달 똥이다.

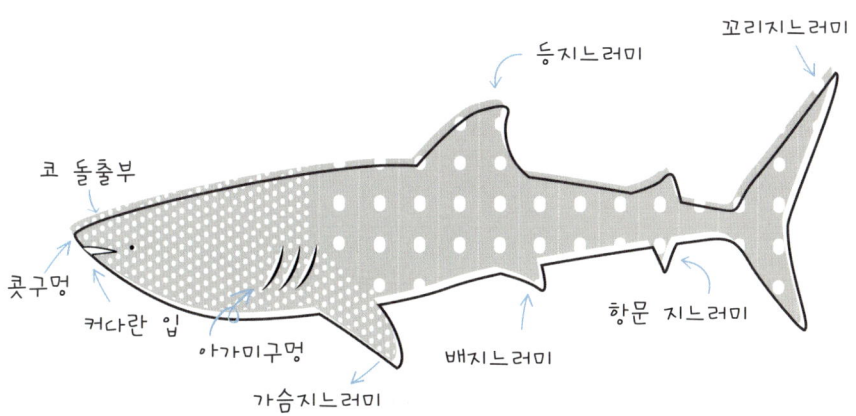

"너는 도대체 상어야, 고래야?"

난 이런 질문을 많이 받아. 당연히 이름 끝에 나오는 상어가 정답이야. 동물 이름은 늘 끝까지 들어 봐야 알거든. 고래상어란 말은 1828년 영국 군의관인 앤드루 스미스란 이가 남아프리카에서 우리를 처음 보았을 때 붙인 이름이라고 해. 그가 보기엔 새우나 플랑크톤, 오징어 따위를 흰긴수염고래처럼 넓적하고 큰 입으로 쭉 빨아들여 걸러 먹고, 몸길이가 자그마치 12~18m, 20~40톤까지 나가는 거대한 몸집은 분명 고래 같았을 거야. 그런데 아가미구멍으로 숨을 쉬면서 단단한 비늘을 가지고 있는 것을 보면 또 상어 같기도 하고 해서, 할 수 없이 고래 모양을 한 상어라고 해서 고래상어라 부르게 된 거지.

 상어, 하면 언제나 앞에 '식인'이라는 수식어가 따라붙을 정도로 잔인한 이미지로 사람들 뇌리에 박혀 있지만, 우린 상어 중에 크기가 가장 크지만 도리어 매우 얌전하고 평화를 추구하는 착한 상어야. 우리뿐 아니라 상어라고 불리는 대부분의 상어(400종 정도)는 그냥 흔히 보는 돔이나 우럭 같은 육식성 물고기 정도로 크기가 작고 별로 위험하지도 않아. 우리가 주로 먹는 것은 새우나 플랑크톤 같은 아주 작은 미생물들이니, 우리가 보기에도 소름끼칠 정도로 강한 바다의 괴물 백상아리(백상어)나 청상아리(청상어)들이 보기엔 아마 "쟤들은 덩치만 큰 바보들이야!" 하고 놀릴 수도 있을 거야. 우리가 정말 바보라는 게 아니고, 사람들도 흔히 얌전하고 선량한 이들을 보면 좋아하거나 친밀하게 지내려고 하기보다는 도리어 바보라고 놀리는 걸 더 좋아하니까, 상어에 비유해서 하는 말이야.

넓적한 큰 입이 특징인 고래상어

　그러나 결코 우린 바보가 아니지! 원래 우리처럼 사람들도 남이나 동물을 괴롭히지 않고 제 할 일만 묵묵히 하면서 살면 참 평화롭고 좋을 텐데. 너무나 많은 사람들과 동물들이 서로를 못 잡아먹어서 안달이니, 솔직히 우리가 보기엔 그들이 더 바보로 보여. "그래? 그렇지만 너희들도 플랑크톤을 우리와 똑같이 게걸스럽게 폭풍 흡입하잖아? 그러니 너희들도 똑같아!" 할 수도 있겠지만, 플랑크톤은 세상 어느 강이나 바다에 천지로 널려 있고 또 복잡한 구조와 감각을 가지고 있는 동물이나 식물이 아니니까 거기까지 너무 확대 해석하지는 말아 줘.

세상에서 가장 큰 동물인 흰긴수염고래 알지? 걔네들도 우리처럼 눈에 보이지도 않는 미생물인 플랑크톤을 주식으로 삼는데, 그들을 육식 동물이라고 부르지는 않잖아? 그리고 플랑크톤이 비록 미생물이긴 하지만 동물과 식물의 속성을 모두 가지고 있고, 우리나 고래가 이렇게 커진 걸 보면 결코 한낱 부실한 음식이라고 볼 수도 없어. 그러니 우리 같은 커다란 동물들이 먹는 걸 잘 연구해 봐! 지구 환경을 오염시키고 지구 온난화를 일으키는 주범 중 하나인 가축보다 자연에 무수히 존재하는 플랑크톤이 미래의 무공해 식량 자원이 될 수도 있을 테니까.

동물에 꽤 관심 있는 사람들은 우리 고래상어를 보고 '우아하고 아름다운 상어'라고도 말하지. 크고 아름답고 선량하기까지 한 동물이라면, 그리고 그 동물이 좀 유명해진다면 세상 사람들의 호기심은 절대로 가만히 놓아두질 않아. 우리 같이 큰 상어들이 살아가려면 조용하고 따뜻한 큰 바다가 필요한데, 요즘 사람들은 결코 그런 좋은 곳들을 동물에게 쉽게 내주려고 하지 않지. 멋지게 생겼다고 우리 새끼들을 잡아 가고, 고기가 몰리는 어장이라고 내쫓고, 구경한답시고 연일 관광객들이 배를 타고 몰려와 괴롭히니, 도대체 하루도 편안하게 살 수가 없어.

수족관에 전시할 목적으로 우리를 새끼 때부터 불법 밀렵을 하기도 하는데, 그 과정에 많은 약한 새끼 고래상어들이 수족관까지 가지도 못하고 운반 도중에 죽어 버리기도 해. 상어는 원래 물고기인데 특이하게도 부레가 없어. 그래서 계속 수영을 하지 않으면 숨을 제대로 쉬지 못해서 물속에 가라앉아 익사해 죽고 말아. 평생을 쉬지 않고 수영하면서 살아가야 하는, 겉보기보단 매우 슬픈 운명을 타고 난 동물이란다. 그러니 혹시 그물에라도 잘못 걸리면 우리 상어들은 오래 버티지 못하고 금방 죽고 말아. 지구상에서 가장 뛰어난 수영 선수가 익사한다는 게 말이 안 되지만, 우리 몸 구조가 그런 걸 어떡하니.

우리 고래상어의 검푸른 등에는 바둑판 같이 정밀한 네모 모양 체크무늬가 규칙적으로 나열돼 있고, 그 속에는 하얀 바둑알 같은 점들이 군데군데 찍혀 있어. 그 모습을 하늘에서 내려다보면 마치 바닷속에 커다란 별자리들이 떠다는 것 같아. 푸른 바닷물과 어울려 정말 아름답기가 그지없어.

우리가 지극히 평화로운 동물임이 알려진 뒤로 언젠가부터 우리 주변에는 다이빙하는 사람들이 몰려와 가까이서 함께 수영을 하려고 해. 그것까지는 우리도 크게 거슬리진 않아. 하지만 이렇게 함께 자연을 즐기려는 사람들이 있는 반면, 다만 우리의 선량함을 이용해 사람들 곁에 아예 묶어 두려는 욕심 많은 사람들도 있어. 그들은 우리를 답답하고 그물 속 같은 좁은 수족관에 가두어 전시하려고 하지.

왜 자연 속에 그냥 두려 하지 않고 꼭 품 안에 넣으려고만 하는 걸까? 마치 집 금고에 차고 넘치게 돈을 쌓아 두어야 안심이 되는 것처럼, 우리도 돈처럼 쌓아 두려는 사람의 탐욕이 한심하다 못해 측은하기까지 해. 이 지구를 평화로운 낙원으로 만들려고 하지 않고 오히려 저만 잘 살겠다고 자기 사는 곳을 생지옥으로 만들고 있으니 말이야. 함께하면 훨씬 좋은 게 바로 생명의 땅 지구라는 것을 우리 동물은 본능적으로 알고 있어. 마치 별자리처럼 등에 난 바둑판무늬는 어쩌면 사람에게 자연을 좀 배우라고 신이 우리에게 새겨 준 징표 같은 것일지도 몰라. 그러니 우리 삶을 보고 깨달았으면 좋겠어.

우린 물을 입으로 빨아들여 아가미로 내뿜으면서 물속에 녹아 있는 산소를 이용해 숨을 쉰단다. 고래처럼 폐로 숨을 쉬는 게 아니야. 그러니 헤엄을 치지 못하면 물을 계속해서 빨아들일 수 없게 되고, 결국 숨을 못 쉬어 죽게 되는 거지. 움직여야 작동하는 능동적인 산소 여과기라고나 할까? 이처럼 입으로 진공청소기처럼 물을 빨아들이는 건 먹이도 섭취하고 숨도 쉬는 이중 작용을 해. 우리에게 바다는 바로 산소를 제공해 주는 공기이자 피고 생명이야.

우린 지중해를 제외한 모든 열대와 온대 바다를 홀로 또는 무리를 지어 떠돌아다니며 살아. 앞서 말했듯이, 현존하는 어류

바닷속을 떠다니는 별자리를 등에 진 듯한 고래상어

중에서 가장 크며 또한 물고기 중에서 가장 큰 입과 그에 비해 아주 작고 선한 눈을 가지고 있지. 다른 공격적인 상어들처럼 이빨 하나에 300줄이 넘는 기관총알 같은 이빨 집을 똑같이 가지고 있지만 크기가 겨우 3mm 정도로 아주 작아서 우리가 상어라는 걸 증명하는 흔적 정도에 불과할 뿐이야. 그리고 여타 다른 상어들처럼 난태생으로 보통 300마리 정도의 새끼를 몸속에서 알로 낳아 부화하고 일정 기간 몸속에서 키우다가 출산을 하지. 그 후엔 자연(바다)에 내맡기고 돌봐 주지 않아. 그중 몇 마리나 끝까지 살아남아 온전한 고래상어가 될지는, 오직 새끼들의 운에 달렸어.

　보통 우리는 일 년에 5,000km정도 되는 거리를 얕거나 깊은 바다를 상관하지 않고 끊임없이 전 세계를 여행하는 방랑자야. 하지만 필리핀 세부 섬 옆 '오슬롭'이란 마을 근처에는 아예 그곳을 떠나지 않고 눌러 사는 특이한 고래상어들이 몇몇 있어 사람들의 화제가 되고 있어.

　2011년 12월, 크리스마스 무렵에 한 떼의 고래상어들이 근처 바다에 나타나자 오슬롭 어부들이 '신의 손님'이 왔다고 환대하고 먹을 것을 주었어. 그 뒤로, 그 고래상어들은 마치 신의 뜻이 통한 것처럼 주변을 떠나지 않고 마을 앞바다에 그냥 머물러 살게 되었대. 결국 생태 관광을 즐기는 관광객들과 상어를 연구하는 사람들이 입소문을 듣고 찾아오기 시작해서, 이제 그 마을은 고래상어 덕에 관광 사업으로 매우 부유해졌다고 하지. 그래서 마을 사람들은 고래상어를 신이 내린 크리스마스 선물이라고 부르며 매우 신성시하고 아껴 주고 있대! 사실 지구상에 살고 있는 모든 생물체는 모두 다 신이 보내 준 똑같이 귀한 선물들이야. 그러니 서로 아끼고 보듬고 사랑해 주는 게 너무나 당연한 일 아니겠어!

Tip

고래상어
whale shark

학명 Rhincodon typus

분류 척추동물 〉 연골어강 〉 수염상어목 〉 고래상엇과 〉 고래상어속

멸종 위기 등급 IUCN Red List 위기(EN), CITES 부속서 Ⅱ

야생 개체 수 측정 불가(감소 추세)

사는 곳 대서양, 인도양, 태평양

수명 약 70년(100년까지 살기도)

먹이 플랑크톤과 소형 갑각류 및 어류, 오징어류

산란 난태생(한 번에 200마리~300마리 새끼 출산)

Quiz

1. 고래상어가 회유하지 않고 정착해 사는 특이한 마을은?

필리핀 세부 섬 오슬롭. 마을 사람들은 고래상어를 신이 내린 크리스마스 선물이라고 부르며 아낀다.

2. 고래상어의 먹이 섭취 방법은?

입으로 물을 빨아들여 아가미구멍으로 내보내면서 물고기와 플랑크톤 따위 부유물을 걸러 먹는 흰긴수염고래나 홍학과 같은 방법을 취한다.

3. 고래상어의 자연 천적은?

백상아리(백상어)나 범고래 정도. 다 자란 성체는 천적이 인간 이외는 거의 없음.

포세이돈의 현신
killer whale
범고래

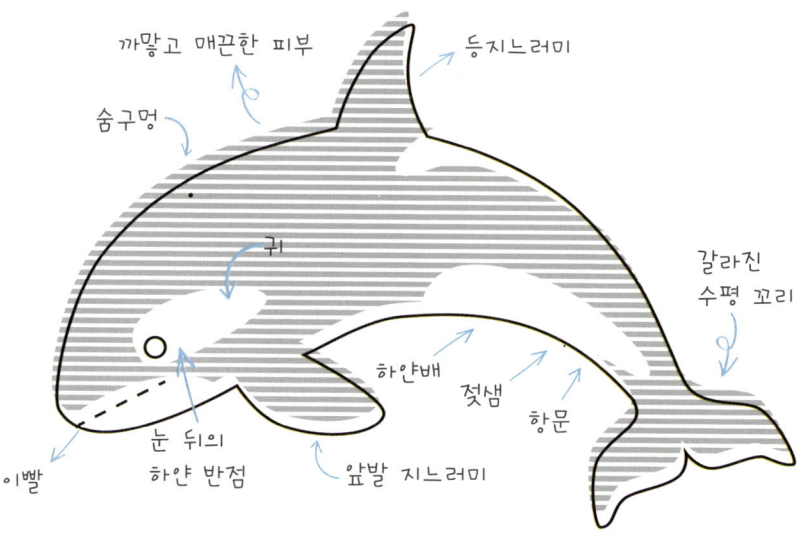

『칭찬은 고래도 춤추게 한다』는 베스트셀러 책이 있지? 바로 우리 범고래와 범고래 조련사 이야기야. 물론 우린 사람 다음이라 불릴 만큼 영리한 동물이니까, 먹이를 주면서 열심히 우정을 나누려 노력한다면 그 정성에 감동해서 원하는 동작을 취해 줄

수도 있어. 그런데 사람들이 감동한 그 이야기가 우리에겐 참을 수 없는 모독과 고통을 줄 수도 있다는 걸, 혹시 여러분은 알고나 있을까?

우린 오대양을 마치 우리 앞마당처럼 누비며 다니는 바다 최강의 포식자로, 육지에 사는 사자나 호랑이 또는 코끼리에 비견되는 동물이야. 그런데 감히 사람은 이 바다의 왕을 좁은 수족관에 가둔 채 얼린 생선 쪼가리나 주면서 서커스단 원숭이마냥 재주넘기를 시키고 돈벌이 수단에 이용하고 있지. 관광객들은 또 그걸 보면서 즐기고. 그 속에서 우리가 얼마나 스트레스를 받으며 살고 있는지, 상상이라도 해 보았니?

세상 모든 고래의 수족관 쇼를 반대하는 운동을 본격적으로 일게 만든 범고래 '틸리쿰(원주민어로 친구란 의미)' 이야기를 들어 본 적 있니? 틸리쿰은 두 살 때 폭약을 이용한 포경 사냥으로 어미를 잃어버린 채 미국 최대 수족관인 '씨 월드'에 팔려 와 갖은 폭력과 굶주림에 시달리며 조련을 받고서 하루 8차례 이상 공연을 하며, 새끼를 얻기 위해 씨까지 제공해야 하는 불행한 고래로 살아야 했어. 그러던 어느 날 어미의 죽음을 목격했던 트라우마 또는 조련 중 쌓인 스트레스 때문인지는 모르지만, 16년 동안 식구처럼 돌봐 주었던 조련사를 살해하지. 그 뒤에 일어난 조련사 2명의 죽음과도 관련되고. 결국 좁은 수조에 간

씨 월드에서 공연 중인 틸리쿰. 수족관에서 자란 탓에 등지느러미가 휘어져 있다.

힌 채 36년이라는 비교적 짧은 생(원래 50년~60년 정도 삶)을 폐렴으로 마감했어. 결국 틸리쿰의 불행한 삶은 영화 '블랙 피시'로 제작되어 영화를 본 사람들의 분노를 샀지. 사실 자기를 인식하는 자아가 있는 범고래에게 수족관에서 쇼를 하는 동물로 평생을 살라고 하면, 오히려 틸리쿰처럼 반항아로 변하는 게 훨씬 더 자연스러운 일인지도 몰라.

여기 가까이 와서 내 이빨 한번 봐 볼래? 마치 사자의 송곳니 같이 뾰족하게 생긴, 창 같은 이빨들이 위아래로 촘촘히 박혀 있는 게 보이지? 우린 이 이빨로 물개나 물범, 상어 그리고 우리보다 몸집이 큰 흰긴수염고래까지도 끝까지 추격해서 사냥하는 진정한 바다의 킬러(실제로 킬러 고래라 불림)들이거든. 그런데 우리를 그 좁고 밋밋한 수영장에 가둔 채 관중 앞에서 재주넘기나 하는 한낱 구경용 초라한 동물로 전락시켜 놓고는, 잘 대해 줬으니 춤까지 춘다고 생각하는 게 바로 징글징글한 인간의 이기심이지.

육지와 바다 통틀어 세상에서 가장 큰 포유류인 고래는 대개가 영리하며, 영리한 만큼 예민하기도 한 동물이야. 바다가 오염되거나 조금만 시끄러운 소리가 울려도 자신도 모르게 그걸 피하려고 '스트랜딩(stranding)'이라고 부르는, 뭍으로 올라와 다시는 바다로 돌아갈 수 없는 자살과 유사한 행동까지 해 버리지. 워낙에 고래가 무겁기 때문에 바닷물이 몸 깊이까지 차지 않는 한 다시는 헤엄쳐 돌아갈 수 없어. 육지에 오래 있으면 엄청난 몸무게에 눌린 폐가 망가져서 얼마 못 가 그대로 죽어 버리고 만단다.

몇몇 착한 사람들은 이런 고래를 다시 바다로 돌려보내 주기 위해 갖은 노력을 다 기울이지만, 그들의 숫자나 힘이 너무나 적고 미약해서 때로는 아무 의미 없는 행동이 되기도 하지. 여러분은 모르겠지만, 우리 고래는 종종 아예 바다 밑바닥까지 깊숙이 내려가서 다시는 바다 위로 올라오지 않고 그대로 있다가

관광객 앞에서 쇼를 하고 있는 범고래

죽는, 자살 질식사 같은 방법을 택할 때도 있어.

　지금 우리의 터전인 바다 오염은 정말 심각할 정도야. 인간 세상의 온갖 오물과 쓰레기들을 바다가 넓고 티가 안 난다고 마구 쏟아 버리고, 심지어 도시 사람들이 배출한 분변이나 쓰레기 더미를 커다란 배에 싣거나 아니면 육지에서 커다란 호스로 연결해 먼 바다에 지속적으로 투척하기도 하지. 그래도 인구가 적고 조금씩만 버린다면 큰 바다에선 자연 정화라도 할 수 있겠지만, 끊임없이 감당하기 힘들 정도로 많은 양이 버려진다면 그 지역 바다 생태계는 복구할 수 없을 정도로 심각하게 훼손되어 버려. 만일 쓰레기와 악취, 온갖 병균들이 지금보다 더 심하게 둥둥 떠다니게 된다면, 나중에는 사람조차 접근하기 힘들 정도로 오염이 된 죽음의 바다가 될 거야. 비록 바다가 넓다고는 하지만 바다 또한 계속 살아 움직이는 생물이라고 할 수 있어. 물에 넣으면 번지는 잉크처럼 넓게 확산될 것 같아도 바다에는 해류라는 물길이 있기 때문에 늘 그 길로만 바닷물이 흐르거든. 그래서 망망대해라고 해도 어느 한 쪽이 오염되면 그게 해류를 타고 다니면서 결국 강처럼 한 지점에 계속 쌓이고, 나중에는 쓰레기 섬이 만들어지는 거야. 미세 플라스틱 같은 걸 먹은 수많은 해양 동물은 먹이 그물로 인해 각종 소화불량과 질병이 확산되고, 또 그물 같은 것에 몸이 끼어서 오도 가도 못한 채 서서히 죽어가게 되는 거지. 우리 범고래를 가두고 눈요깃감으로 만드는 것도 모자라 이제는 아예 고래를 비롯한 수많은 동물들의 삶의 터전이자 생명의 원천인 바다를 오염시키는 것은 그 무엇으로도 용서받지 못할 거야. 세상을 지배한답시고 그 무엇도 살 수 없게 만드는 사람의 이기심을 바다는 결코 용서하지 않을 테니까.

 넓은 바다를 바라보다 보면 왠지 막막하다거나 아니면 답답하다는 생각이 든 적이 없니? 그럴 때 우리 범고래들이 갑자기 떼로 나타나 그 큰 덩치로 춤을 추듯 물 위로 솟구쳐 오른다면,

정말 환상적이고 바다가 살아 있다는 느낌이 들 거야. 이런 상상으로 만든 영화가 바로 '프리 윌리'야. 윌리는 수족관에 갇혀 살던 범고래야. 한 불우한 소년이 윌

물 밖으로 솟구쳐 오르는 범고래

리를 구출하여 넓은 바다로 돌려보내 주지. 윌리는 그 은혜에 보답하고, 자기를 잡아 가둔 나쁜 고래잡이에게 복수를 한다는 신나는 영화야.

내 몸에 난 무늬는 여러분이 정말 좋아하는 판다처럼 생겼어. 까만 몸에 눈 위쪽과 등짝 일부, 배 부분이 새하얀, 미끈한 방수복 같은 섹시한 블랙 앤드 화이트 무늬를 하고 있지. 몸무게는 6톤~10톤가량 나가고, 몸길이는 7~10m 정도인 중간급 고래에 속해. 하지만 세모꼴의 무자비한 이빨을 가진 바다의 폭군 백상아리(백상어)나 나보다 두세 배가 큰 대왕 고래마저 범고래의 사냥감이야. 무리지어 다니며 사냥할 때는 조직적으로 공격하는 우리를 두고 바다의 킬러 또는 심하게는 바다의 강도라고까지 부를 정도니까. 난 레이더처럼 방향 전위(초음파)를 쏘아서 800m

떨어진 곳에 있는 물체가 정확히 무엇인지 알아볼 수 있어. 사냥감들이 미처 깨닫기 전에 조용히 다가가 몸으로 강하게 부딪치거나 순식간에 물어서 공격을 끝내지.

홀로 지내기를 좋아하는 녀석들은 물론 혼자서도 잘 살지만, 대부분은 가족과 함께 모계 중심 사회를 이루면서 무리지어 살아. 그러면서 전 세계 대양을 마치 핵 잠수함처럼 쉼 없이 누비고 다니지. 사냥할 땐 마치 사자처럼 무리가 협력하여 사냥감을 몰아붙이기도 하고, 가까운 해안가에서 느긋하게 일광욕을 즐기며 방심하는 물개나 물범들을 '해변 돌진'이란 독특한 방법으로 급습하여 사냥하기도 해.

고래 종류는 크게 수염 고래와 이빨 고래로 나뉘는데, 난 이빨 고래에 속하며 등 앞쪽에 나 있는 숨구멍을 통해 한 가닥 물줄기만을 내뿜지. 수염 고래는 물줄기가 분수처럼 두 갈래로 갈라져. 3년에 한 마리씩 새끼를 배고 15개월~18개월 정도의 임신 기간 끝에 새끼를 낳아서 1년간 물속에서 데리고 다니며 젖을 먹여 키우지. 우린 하루에 200kg 이상 육식성 먹이를 먹는데, 먹잇감은 주로 물고기, 오징어, 물개, 물범 심지어 펭귄까지 다양해. 희생당하는 동물들에겐 정말 미안하지만, 매일 하는 사냥은 우리를 살아 숨 쉬게 하는 강력한 원동력이라고 할 수 있어.

물범을 사냥하기 위해 접근 중인 범고래

　사람이 워낙 위험한 동물임을 우린 선행 학습과 본능적인 두려움으로 알기에, 거의 공격하지 않고 멀리 슬슬 피해 다니지. 우린 사람과 맞서기보단 진정으로 평화와 공존, 우정을 나눌 수 있길 바라며 친근한 몸짓을 돌고래처럼 늘 보내고 있기도 해. 이런 우리의 평화를 바라는 마음을 돈과 조련으로 역이용하지 말고 신뢰와 감동으로 받아 주었으면 해. 영화 '프리 윌리'의 소년과 범고래의 우정이 그러하듯이 말이야.

범고래
killer whale

학명 Orcinus orca

분류 척추동물 〉 포유강 〉 고래목 〉 참돌고래 과 〉 범고래 속

멸종 위기 등급 IUCN Red List 자료 부족(DD), CITES 부속서 Ⅱ

야생 개체 수 약 50,000마리(감소 추세)

사는 곳 대서양, 북극해, 인도양, 남극해, 태평양

수명 50년~100년

먹이 백상아리, 청어, 펭귄, 오징어, 갈매기, 가오리, 바다거북, 다랑어, 바다사자, 물범, 물개

출산 태평양 북서부에서는 여름을 피해 10월부터 이듬해 3월에 걸쳐 새끼를 낳고, 대서양 북동부에서는 늦가을부터 한겨울에 걸쳐 새끼 1마리를 낳음(임신 기간 15개월~18개월).

Quiz

1. 범고래가 킬러 고래라고 불리는 까닭은?

거대한 수염 고래나 백상아리까지 사냥하는, 적수가 없는 육식 고래이기 때문에.

2. '해안 돌진'이란 공격법은?

범고래가 좋아하는 물범이나 물개를 잡기 위해, 아슬아슬하게 얕은 해안까지 올라왔다가 다시 바다로 미끄러져 돌아가는 범고래 특유의 고도의 사냥법.

3. 검은색 미끈한 범고래 피부 중 하얀 부분은 어디?

눈 뒤, 배, 등지느러미 뒷부분.

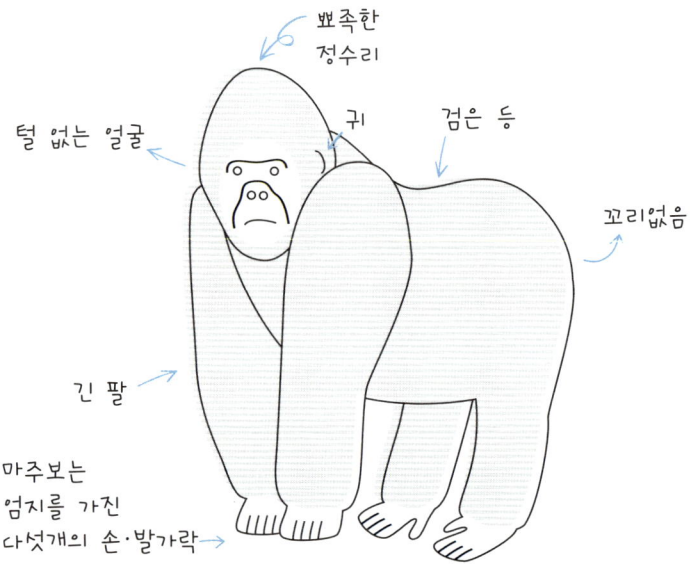

아프리카 대륙 중서부 지역 르완다, 콩고 민주 공화국, 우간다 3개국의 접경지대인 비룽가 국립 공원(현재 콩고 민주 공화국 소속) 안 깊은 산중에는 영화 킹콩의 모델이기도 한 바로 우리 마

운틴고릴라가 700마리 정도 야생에서 멋진 모습으로 살고 있어. 700마리라고 하면 많은지 적은지 실감이 잘 안 나겠지만, 약 백 년 전만 하더라도 지금보다 5배 정도 더 많았어. 그러다 1980년도에는 거의 250마리까지 급격히 줄어들었다가 점차 전 세계적인 관심과 보호로 다시 마릿수가 회복하는 추세에 있긴 하지. 우리와 사촌지간인 롤런드(평지)고릴라는 1990년대에 6,000마리까지 헤아렸지만 2000년대에 들어서면서 3,000마리까지 줄어들어 우리와 같은 운명을 맞는 건 아닐까, 걱정이 돼. 고릴라는 현재 아프리카에만 서부고릴라(롤런드, 크로스 강(200마리 정도 생존)), 동부고릴라(롤런드, 마운틴) 2종에 4아종이 살고 있어.

사람들은 100년 안에 가장 멸종되기 쉬운 동물 1순위는 바로 우리 고릴라들이라고 해. 우리는 그동안 원주민 사이에 '숲속에 사는 야만인' 정도로 불리며 존재 자체가 거의 가려졌었어. 그러다 1960년대에 '다이앤 포시'라는 여류학자의 몸을 사리지 않는 모험적 연구로 인해 우리의 생태가 조금씩 세상에 알려지기 시작했지. 그런데 그게 오히려 행운과 불행의 씨앗이 될 줄은 그때까지는 누구도 몰랐단다. 우리는 그분이 연구하기 전이나 불행한 죽음 이후에도 끈질기게 밀렵과 살해 위협 속에 살고 있어. 그분 또한 돈만 노리는 잔혹한 밀렵꾼에게서 우리를 보호하려다가 그만, 우리 고릴라들에게 늘 일어나는 것과 똑같은 의문의 죽임을 당하고 말았지.

　물론 우리가 세상에 노출되건 말건 아프리카는 늘 크고 작은 내전 상태에 있고, 비록 그것이 사람끼리 벌이는 잔혹한 전쟁이라 할지라도 그 속에서 살아야 하는 우리 야생 동물 또한 죽음을 비켜갈 수는 없지. 자신들의 힘과 존재를 과시하려는 무자비한 인간들은 다이앤 포시에 의해 세계적인 관심 대상이 된 우리를 인질로 삼아 모두 다 살해해 버린다고 전 세계를 상대로 협박했어. 지금도 밀렵과 살해는 계속되고 있지만. 아, 정말 자기들의 전쟁에까지 죄 없는 우리를 끌어들여 이용하려 하다니! 도대체 사람이 저지르는 잔인함의 끝은 어디까지일까? 도저히 상상이 안 돼. 만일 동물과 사람의 처지가 바뀐다면, 사람은 그저 혐오스럽고 가까이 하고 싶지도 않은 하등 동물로 취급해 버리는 게 가장 타당할 거라고 생각해.

　우린 동물 중에서 유별나게 많은 사람의 관심을 받기도 하지. 크고 검은 털이 많이 나 있긴 하지만 우리가 싫어하는 사람과도 닮은 면이 매우 많기 때문이야. 그래서 만들어진 영화가 '킹콩'이었고. 그 영화가 우리를 또 아주 유명하게 만들어 버렸지. 평화롭게 가족과 모여 살고 겨우 인간 정도 크기만 한 우리를 영화는 거대한 공룡과 싸우고 홀로 사는 외톨이 거인 괴물로 만들어 버렸어. 그래도 '미녀와 야수'처럼 여린 심성을 지닌 인간적인 괴물로 묘사했으니 다행이라고 해야 하나?

 영화 덕에 우리 고릴라를 직접 보고 싶어 하는 사람들이 부쩍 많아졌어. 하지만 평화 시엔 생태 관광 상품으로 생활이 노출되고 전쟁 중에는 인질이나 고기로 살육을 당하니, 이래저래 평화 없는 비참한 처지에 놓여 있는 건 마찬가지야. 그럼 고릴라들도 한데 뭉쳐서 킹콩처럼 저항을 하면 되지 않느냐고 할 수도 있겠지. 그런데 우리는 풀만 먹고 사는 초식 동물이야. 초식 동물은 도망을 치거나 방어는 하지만 적극적으로 나서서

고릴라를 외톨이 거인으로 왜곡한 영화 '킹콩(1933년 작)' 포스터

공격하려는 본능이 아예 없어.

　우린 평소 야생 상태에선 수컷 실버 백 대장을 중심으로 10마리~30마리 정도가 가족끼리 오손도손 살아. 낮에는 여기저기 달콤한 과일이나 맛있는 풀을 찾아다니며 먹고, 저녁엔 나무 위에 잠자리를 만들어서 식구들과 함께 자지. 고릴라는 누구도 괴롭히지 않고 평화롭게 산속 밀림에서 조용히 살고 있는 동물이야.

　영화 킹콩에서 보는 것처럼, 잠깐 흥분해서 자기 가슴을 두드리는 '드러밍(drumming)' 행동은 가족이 위험에 빠졌다고 생각되면 대장인 실버 백 고릴라가 간혹 하기는 해. 하지만 결코 누구를 공격하거나 죽이려는 의도를 가지고 하는 행동이 절대 아니야. 그냥 쫓아내려고 위협하는 건데, 이 행동을 보고 정당방위라고 주장하면서 총을 쏘아 대는 게 바로 유약하면서도 잔혹한 사람이 하는 짓이지. 아무리 겉으로 강인하게 보이는 털과 피부를 가지고 있다손 치더라도 그 속에는 인간과 똑같은 연약한 피부와 근육뿐인데, 우리 몸이라고 총을 맞으면 총알이 튕겨 나가겠니? 그냥 아프리카에서는 누구나 쉽게 구할 수 있는 값싼 총알 한 방으로 우리 생은 그냥 마감되는 거야.

　아! 우린 정말 인간에게 본격적으로 알려지면서부터 너무나 많은 이유 없는 죽임을 당해 왔어. 테러리스트들은 비디오를 켜

둥치에 앉아 있는 마운틴고릴라

놓은 채 한 마리 한 마리 우릴 데리고 나가 죽여가면서 세상에 대고 협박을 해대지. 만일 자기들을 지원하지 않거나 행여 공격한다면 세상 사람들이 안타깝고 귀하게 여기는 이 아름답고 신비한 전 세계적 보호 동물인 고릴라를 계속 한 마리씩 죽이겠다고!

가끔 해외 토픽을 통해 사람 총에 살해된 채 들것에 실려 나가는 처량한 고릴라의 모습이 비칠 때가 있어. 우리는 사람과 90% 이상 유전자가 같은 유인원 식구야. 여러분이 사진으로 보기에도 고릴라나 침팬지, 오랑우탄 같은 유인원이 죽은 모습은 마치 사람이 죽은 것처럼 더 끔찍하게 보이지? 테러리스트들도 그런 극적인 효과를 노리는 거란다. 그래서 일부러 언론에 우리가 죽어가는 모습을 적나라하게 노출시키는 거야. 전 세계를 상대로 위협을 하는 거지.

 지금 이 순간에도 여전히 무자비한 일들이 자행되고 있지만, 같은 인간을 상대로 저항하며 진정으로 우리를 위해 나서 싸워 줄 다이앤 포시 같은 영웅이나 전사는 극히 드물어. 자기와는 아무 관련도 없고 그다지 소중하다는 생각도 들지 않는 고릴라가 죽든 살든, 내가 사는 데 아무 영향이 없으니 구태여 들고나서려 하지 않는 거야. 오히려 군사 강대국인 선진국일수록 이런 문제에 관심 있고 여유 있는 사람들이 많아서 그나마 작은 울림이 일기도 해. 그들은 유엔군이나 자기 나라 정치인들을 설득해 우리를 테러리스트나 밀렵꾼들에게서 보호하기 위한 군대나 무장한 보호자들을 간혹 보내 주기도 하니까. 그러면 우리를 돕기 위해 다시 인간과 인간끼리 새로운 형태의 싸움을 또 벌이는 거야. 우리에겐 잠깐 오는 구원병들이지만, 솔직히 이런 우스꽝스런 일들이 일어나는 게 정상이라고 생각하니?

 비록 고릴라 덩치가 좀 크긴 하지만 산속 다람쥐처럼 소심하고 장난기 많고 가족적이며, 그저 조용히 한 평생을 자연 속에서 그림자처럼 살아가는 동물이야. 관광객이 다가와도 공격적인

들판을 가로지르는 고릴라

행동만 보이지 않으면 별로 신경 쓰지 않고 사는 모습 그대로를 보여 주지. 기분 좋으면 새끼들은 그들에게 먼저 다가가 수줍은 아이처럼 손을 내밀기도 하고. 그런 우리가 왜, 이유도 없이 어느 날 갑자기 생명의 위협 앞으로 내몰려야 하고 멸종 위기를 맞아야 하는 거야? 도대체 어떻게 하면 사람들은 깊은 산속에 은둔하면서까지 명맥을 유지하려는, 신선과 다름없는 우릴 그냥 조용히 살게 내버려 둘 거지?

Tip

마운틴고릴라
mountain gorilla

학명 Gorilla gorilla beringei

분류 척추동물 〉 포유강 〉 영장목 〉 사람 과 〉 고릴라 속

멸종 위기 등급 IUCN Red List 위기(CR), CITES 부속서 I

야생 개체 수 약 700마리

사는 곳 아프리카

수명 약 30년

먹이 초식

출산 임신 기간은 250일~290일 정도로, 보통 한 배에 1마리를 낳는다.

조릴라(Ictonyx striatus) 잘 알려지지 않은 동물이지만, 아프리카엔 고릴라와 유사 명칭을 쓰는 '조릴라'라는 동물이 있다. 영장류인 고릴라와는 전혀 다른 족제빗과 동물로 아메리카 스컹크와 닮았고 냄새 분비선도 있어 아프리카 스컹크라고 불린다.

Quiz

1. 고릴라는 팔 힘이 얼마나 셀까?
2톤까지 들어 올릴 수 있으며 수컷은 성인 남자 10배, 암컷은 5배 정도.

2. 고릴라를 소재로 한 가장 유명한 영화는?
킹콩.

3. 콩고 민주 공화국의 비룽가 숲에서 마운틴고릴라를 연구하다 밀렵꾼들에게 죽임을 당한 여류학자는?
다이앤 포시.

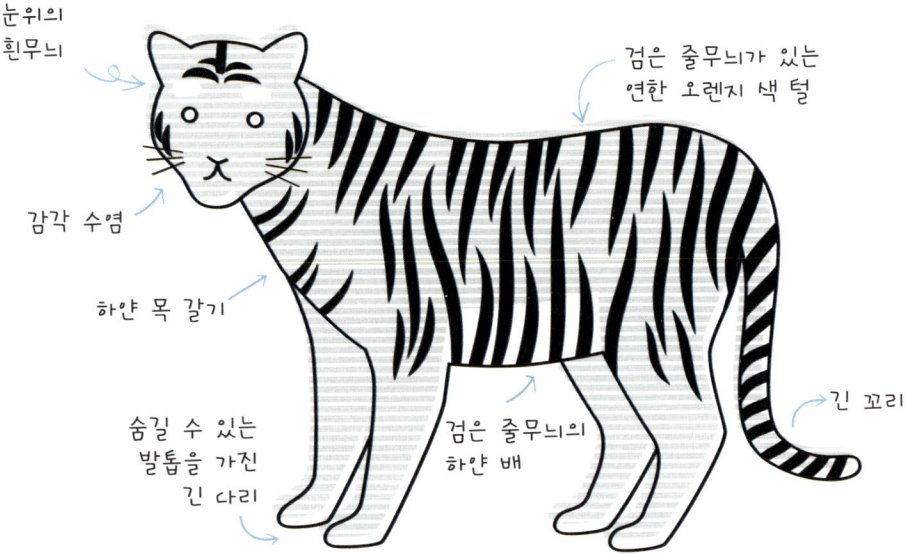

설마! 호랑이가 멸종 위기 동물이라고? 어느 동물원엘 가도 늘 볼 수 있는 호랑인데! 동물원 사람들이 말하길 호랑이는 새끼를 너무 많이 낳아서 애물단지라고들 하던데…….

그래! 멸종 위기라는 것도 맞고, 동물원에 많다는 것도 모순

이긴 하지만 맞는 말이야. 야생에서는 사람에게 위험한 적이라 간주해 사냥으로 거의 멸종시켜 버렸고, 오직 동물원에서만 인기 있는 맹수라고 공간에 비해 꽤 많은 마릿수를 기르고 있지.

그런데 동물원마저 관리가 잘 안 되다 보니, 서로 다른 아종끼리 마구 교배를 시킨 탓에 새로 태어난 호랑이들 중에는 도대체 어떤 종인지 정확히 구별하기가 힘든 경우도 있어. 모든 동물들이 그렇듯 새끼 때는 호랑이도 고양이처럼 정말 귀여워. 하지만 1년만 지나면 맹수가 되어 버리는 이 위험한 동물을 좁은 우리 안에 어미들과 새끼들을 함께 놔둘 수도 없고, 새 축사를 짓자니 돈도 너무 많이 들고 해서 그냥 골방에 격리해서 가두어 두거나, 여기저기 다른 동물원으로 거의 공짜 분양을 하다시피 하는 애물단지 신세를 면치 못하는 실정이야.

이런 사정은 동물원에서 흔히 기르는 벵골 호랑이나 시베리아 호랑이 다 마찬가지야. 지금까지 지구상에 존재했던 호랑이 9종 중에서 카시피(페르시아, 히르카니아) · 발리 · 자바 호랑이는 이미 인간의 손에 근 100년 안에 다 멸종해 버렸고, 나머지 말레이 · 인도차이나 · 수마트라 · 시베리아(백두산, 동북 호, 아무르) · 남중국(아모이) · 인도(벵골)호랑이만이 몇 또는 몇 백 마리 정도 남아 겨우 명맥을 유지하고 있지.

그런데 이들 또한 야생에서 생존 중인 고유 혈통을 유지하는

사파리 공원에서 흔히 볼 수 있는 벵골 호랑이

개체들은 거의 전멸한 까닭에 모두 심각한 멸종 위기 종으로 분류돼. 그래서 아예 야생에서든 동물원에서든 살아 있는 개체는 모두 족보를 만들어 멸종만은 막아 보려는 연구를 지속적으로 하고 있는데, 아직은 역부족이야. 한국에도 이런 취지에 공감하는 '한국 범 보존 기금(savetiger.kr)'이라는 조직이 활동하고 있어.

한국도 조선 시대부터 일제 강점기에 걸쳐 꾸준히 호랑이를 멸종시키기 위해 군사를 동원해서까지 사냥을 해 왔어. 일제 강점기 땐 아예 토호(討虎)군이란 준군사 조직까지 만들어서 늑대,

공격할 자세를 취하고 있는 시베리아 호랑이

표범(점 호랑이), 호랑이(줄 호랑이), 곰을 비롯한 맹수란 맹수는 모조리 사냥을 했어. 그 결과 해방 무렵에는 이런 맹수들을 거의 찾아볼 수 없게 되었어. 어쩜 조선이나 일본 모두 유학입네, 사무라이 정신입네를 강조하면서 너무 인간 중심으로만 살았기 때문인지도 몰라. 호랑이가 사라진 산림을 사람들이 과수원으로 개간하거나, 관광지로 만들어 버리는 바람에 자연은 오직 인간만을 위해 존재하는 부속물처럼 변질되어 버렸어.

 군대를 동원해서 비겁하고 무자비하게 대량 학살을 자행해 놓고 그 다음엔 마치 자신들의 식민지인 양 점령해 버린 거지. 자기들끼리 잔혹한 무력으로 하던 짓을 동물이나 자연에게도 똑같이 적용한 거야. 그래서 "어떤 사람이나 국가가 동물을 대하는 태도를 보면 그 사람의 성격이나 국민성을 알 수 있다."는 말이 진리처럼 전해지나 봐. 대자연은 모든 살아 있는 것들의 고향이자 어머니 같은 존재인데, 그런 자연을 상대로 전쟁을 벌이는 어리석은 족속은 유일하게도 인간밖에 없어.

이렇게 정복해서 자신들의 영토를 늘렸으니 짧게나마 영화를 누릴 수 있을 진 몰라도, 대자연은 억지로 바꾸려 하면 반드시 그 화를 되돌려 주거든. 원시 자연 속에 깊이 들어가 조용히 지내던 바이러스나 세균, 해충들이 갑자기 살 곳이 없어지면 세상 밖으로 나와 무방비인 사람들에게 해를 끼칠 수도 있어. 에볼라, 메르스, 지카, 진드기 매개 바이러스 같은 신종 질병들이 현대에 갑자기 나타난 것도 바로 오만한 인간이 대자연을 건드린 탓이라고들 해.

요즈음 사람들이 주목하는 이론 중에 '원 헬스(one health)'라는 것이 있는데, 자연과 동물이 인간의 건강과 밀접하게 하나로 연결되어 있다는 개념이야. 자연과 동물의 균형이 무너지면 인간도 무사할 수 없으니, 새로운 질병 문제가 발생하면 생물학, 환경학, 의학, 수의학 등 다양한 학문 분야가 서로 협력하여 해결해야 한다는 의미이기도 해. 호랑이 같은 상위 포식자가 없으니

영역 싸움을 하는 호랑이들

 도심에선 멧돼지나 고라니가 자기들 마음대로 번식하고 날뛰다가 도로에 뛰어들고 사람을 공격하는 지경까지 이르렀잖아. 사람 사이에서 반려 동물로 살다 버려져서 야생화가 된 수많은 고양이나 개도 언제 야생 본능이 되살아나 예전 조상인 삵이나 늑대처럼 인간을 비롯해 그나마 조금 남아 있는 힘없는 야생 동물들을 공격할지, 그 누구도 장담할 수 없어.

 호랑이는 오래되지 않은 백 년 전쯤만 해도 산의 신, 산의 지배자 또는 산군님으로 불리면서 신의 반열까지 오르기도 했어. 그만큼 범접할 수 없는 위엄이 있었으며, 감히 어느 누구도 그의 영역에 함부로 들어갈 수가 없었지. 사냥꾼조차 천벌을 받는

다고 산신을 죽이길 꺼려했었을 정도니까. 사람들이 높은 산을 넘어야 할 때는 꼭 장정 열 명 이상이 모여서 함께 낮을 이용해 넘었다고 해. 인도호랑이 보호 구역에 사는 주민들은 비록 상징적이긴 하지만 호랑이가 무서워하는 도깨비 가면을 머리 뒤에 쓰고 다니지. 밀렵을 막는 순찰꾼들은 호랑이의 유일한 천적인 인도코끼리를 타고서 호랑이 출몰 구역을 돌기도 해. 그만큼 호랑이는 뭐랄까, 두려우면서도 야생의 질서를 잡아 주는 동물의 왕 같은 존재야.

지금 세상은 모든 걸 사람이 지배하니, 사람이 가장 강하고 사람이 바로 신인지라 호랑이 같은 영적 존재는 필요가 없는 거겠지. 만약 아직도 그런 존재가 남아 있다면 잡아 없애기 바쁠 거야. 하지만 인류가 걸어 온 길은 지구의 오랜 역사 시계에 견줘 보면 단 몇 초 찰나에 불과해. 장담컨대 이렇게 끝없이 다른 종의 멸종을 부추긴다면, 인류의 운명도 반드시 단 몇 초가 지나기 전에 끝나 버리고 말거야. 제발, 자신의 소중한 후손을 위해 지금부터라도 태어나 자라고 살며 대를 이어 물려줘야 할 지구와 대자연에 대한 고마움과 예의는 좀 갖추길 바라. 혼자 잘 사는 게 아니라 함께 더불어 잘 살자는 게 결코 무리한 요구는 아니잖아?

우리 호랑이 또한 오래전 조상인 검치호(劍齒虎)처럼 가만히 놓아두어도 언젠가는 또 다른 비슷한 모양의 자손을 남기고 자연스레 멸종하겠지. 다만 사람의 간섭으로 인해 미처 새로운 자손이 태어나기도 전에 급격히 멸종해 버리면 우린 영영 사라져 버리게 되는 거야. 살아 움직이는 지구는 어느 한 동물이 오랫동안 세상을 지배하도록 허용하지 않아. 사람이 자기가 숨

검치호 상상도

쉬며 살고 있는 생명과 같은 지구를 마음대로 훼손하면서 혼자 영원히 발전하고 살 것처럼 행동하는 것은, 결국 스스로 멸종을 재촉하는 자살 행위와 같은 거야.

 사람은 우리를 죽여서 털가죽을 발라내 거실 깔개로 쓰고, 우리 머리를 박제해서 벽에 걸어 두면서 자신의 부와 권력을 과시하려 들지. 우리 살은 먹고 뼈는 갈아서 연고로 만드는 인간을 보면, 말문이 막혀. 그렇게 우리가 밉고도 무서운 걸까? 정정당당하게 나서서 싸우지 못하고 뒤에 숨어서 총질을 해 사냥한 다음에도 우리를 모독하는 행위는, 만약에 우리에게 영혼 같은 게

있다면 정말 가만두지 않았을 거야.

 이런 비열한 행위들도 그 똑똑한 사람들이 말하는 약육강식이라는 것일까? 약육강식은 사람이 만들어 낸 말이지, 우리 동물들하고는 아무 상관없는 잔인한 용어야. 호랑이는 자기 체중 절반쯤 되는 동물을 한 번 사냥하면, 일주일 동안은 누가 일부러 괴롭히지만 않으면 재미 삼아 해치거나 무분별하게 죽이지 않아. 우리는 살아남기 위해서 최소한의 사냥을 하는 거야. 우리가 남들보다 더 강하다고 해서 결코 약자를 괴롭히거나 마구잡이로 죽이지는 않는다고. 그러니까 조금 강해졌다고 필요 이상으로 약자를 괴롭히고 해치는 것은 오로지 사람뿐이야. 약육강식이란 그런 사람들이 빗대어 쓰는 못된 용어란 말이지.

 호랑이는 거의 멸종당했고, 사자 또한 거의 멸종해 가고 있는데, 오직 사람과 가축만 번성하는 이 세상이 정말 정상적인 걸까? 한번 잘 생각해 보렴! 사람이 함부로 들어가지 못하는 곳도 있어야 하고, 그런 곳에서 새로운 생명들이 탄생하고 진화하여 새로이 지구의 생명력을 계속 유지해 나갈 수 있도록 사람 스스로가 지켜 줘야 하는 거야. 그런 의미에서 보면, 생태계의 꼭짓점에 있는 우리 호랑이는 지구의 낡은 생명을 정리하고 새 생명이 탄생하도록 돕는 자연 조절자 역할을 신에게서 부여받아 지금까지 쭉 해 왔다고 할 수도 있어!

사람은 호랑이를 사냥해 깔개로 쓰면서 자신의 부와 권력을 과시한다..

　우리의 멸종이 사람에게는 단순해 보일지 모르겠지만, 생물 종이 하나 탄생하고 또 사라지는 것은 이 지구와 자연에선 결코 가벼운 일이 아니라 매우 큰 사건이야. 딱히 그걸 이론적으로 설명하기는 힘들지만, 브라질 아마존에 사는 나비 한 마리 날갯짓이 중국 대륙에 폭풍을 불러 올 수 있다는 게 바로 그 잘난 사람들이 학문으로도 떠드는 '카오스(혼돈) 이론'의 '나비 효과' 잖아! 나비 한 마리의 역할도 그러할진데 호랑이의 멸종은 과연 어떻겠니?

Tip

호랑이
tiger, 虎狼

학명 Panthera tigris

분류 척추동물 〉 포유강 〉 식육목 〉 고양잇과 〉 표범 속

멸종 위기 등급 IUCN Red List 위기(EN), CITES 부속서 I 국내 멸종 위기 야생 생물 I 급, 국가 적색 목록 지역 절멸(RE)

야생 개체 수 약 4,000마리(시베리아 호랑이는 100마리 내외)

사는 곳 아시아(러시아, 인도, 중국 등)

수명 약 11년

먹이 멧돼지, 사슴, 영양, 공작, 원숭이

출산 임신 기간은 평균 113일이고, 한 배에 보통 2,3마리를 낳는다.

Quiz

1. 호랑이 9아종 중에서 이미 멸종한 종류는?

카스피, 자바, 발리 호랑이.

2. 우리나라에서 아무르 표범과 백두산 호랑이의 복원 및 시베리아 호랑이 보전을 위해 설립된 단체는?

한국 범 보전 기금(since 2004. 2.).

3. 인도호랑이와 시베리아 호랑이의 외형 차이는?

시베리아 호랑이가 체구가 더 크고 털이 길며, 특히 꼬리털이 훨씬 길고 두툼하다.

인어의 슬픈 노래
d u g o n g
듀공

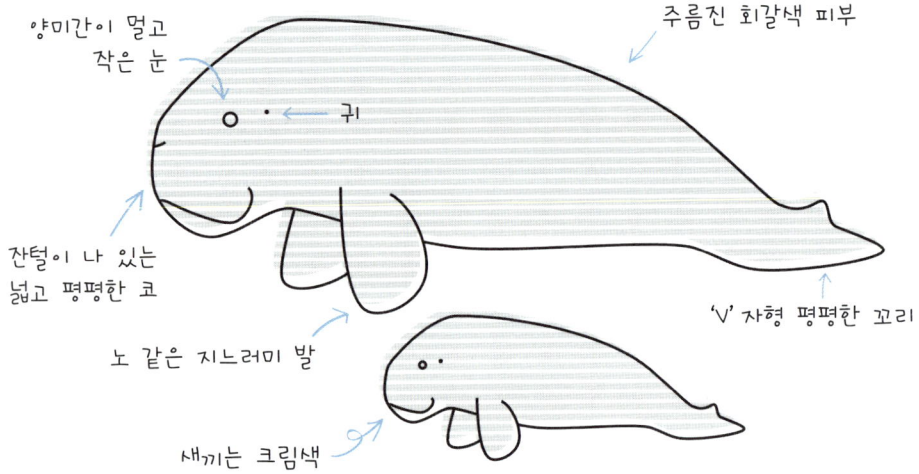

바다소(사이렌, sirenia)라고 들어 봤니? 바다소 목에 속하는 동물이 바로 우리 듀공과 아마존 강에도 살고 있는 매너티야. 우리 둘을 따로 구별하지 않고 사람들은 그냥 '인어(mermaid)'란 별칭으로 부르기도 하지. 비록 같은 동물 목에 속하지만 듀공 1종

과 매너티 3종을 합쳐서 겨우 4종에 불과해. 100년 전만 해도 우리 바다소 중 가장 컸다(길이 8m 가량)는 '스텔러 바다소'가 북극해 주변에 살았다는데, 인간이 관심을 가진 지 몇 십 년 만에 모두 멸종해 버리고 지금은 희귀 박제나 기록 같은 흔적으로만 남아 있어.

듀공이란 말은 원주민들 말로 '바다의 여인'이란 뜻이래. 우리가 새끼를 안고 물속에서 젖을 먹이는 모양이 마치 아이에게 젖을 물리는 여인들의 모습과 닮았다나 봐. 우리는 고래처럼 바다에 사는 포유동물이지만 앞 지느러미 발 사이 가슴에 사람처럼 젖이 두 개 있어. 새끼가 그 젖을 번갈아 가면서 빠는 거야. 이 모습을 보고 '여인'이라고 불리기도 하지만, 원래 우리가 아주 온순하고 사람들에게 거의 위험이 되지 않는데다 전적으로 채식만 하기 때문에 그렇게 불리기도 해. 그래서 또 우리를 매너티와 더불어 물속의 풀을 뜯는 '바다소'라고 부르는 거고.

우린 주로 강이나 얕은 바다 밑바닥에 나 있는 여러 종류의 수생 식물류를 뜯어 먹고 산단다. 특히 해초류나 수생 식물이 많은 곳은 대부분 물이 따뜻해. 물 온도가 보통 16℃ 이상 되는 열대나 아열대의 강 또는 바다가 바로 그런 곳이지. 그래서 우린 고래나 물범 따위 다른 바다 포유류에 비해 완전한 채식주의자야. 아주 조심스런 성격 탓에, 될 수 있으면 회유하는 큰 고래들처럼 먼 바다로 나가지 않고, 태어난 곳 주변에서 그냥 조용히 새끼 낳고 기르면서 평생을 사는 동물이지.

그런데 언제부턴가 사람들이 갑자기 우릴 가만두지 않기 시작했어. 우린 그동안 원주민들과 서로 잘 지냈기 때문에 낯선 사람들에게도 멋모르고 친밀하게 접근했지. 그러자 그 탐욕스런 사람들은 우리를 그냥 평화로운 동물이 아니라 고기와 기름, 가죽으로 보기 시작한 거야. 기름과 가죽도 쓰임새가 훌륭하지만 고기 맛 또한 쇠고기 이상으로 기가 막히다고 해. 거기에 맛을 들인 말레이시아 왕실 같은 곳에서는 진귀한 고기로서 최상급 요리 재료로 취급받았어. 이럴 정도니, 우릴 잡아서 팔면 엄청난 돈을 벌 수 있다는 생각에 사람들은 앞다퉈 우리 사냥에 혈안이 되어 버린 거야.

그 결과 말레이 연안에서는 듀공의 씨가 말랐고, 비교적 자연을 파괴하려 들지 않고 또 야생 고기도 그다지 좋아하지 않는 호주 연안에만 대부분의 듀공들이 몰려 살고 있어. 우리 듀공의 잔인한 멸종은 바로 쇠고기와 비슷한 고기 맛 때문에, 불과 200년 전에 영문도 모르고 시작된 거야. 그래서 우리와 같은 과에 속하는 스텔러 바다소가 18세기 초에 무분별한 고기 사냥으로 가장 먼저 멸종된 거고.

요즘은 또 수족관에서 인기가 있다고 해서, 그게 더 남는 장

수족관에서 사람이 준 채소를 먹고 있는 듀공

사니까 우리를 산 채로 잡아서 팔아넘기기도 해. 밀렵한 멸종 위기 동물을 수족관에 전시하는 것은 물론 불법이지만, 돈에 혈안이 된 동물 중개상들은 마치 다른 수족관에서 온 것처럼 교묘하게 합법화한다는구나.

 매너티와 우리는 다 같이 인어라고 불리는데, 수초를 뜯어 먹기 좋도록 입이 얼굴 아래 방향을 향해 있는 소처럼 생긴 입 모양이나 입 주위에 여러 개 나있는 감각 수염, 앞·뒷다리가 변한 지느러미와 둥그스름한 몸통, 수컷들의 위 송곳니가 밖으로 튀어나와 있는 것이 서로 쌍둥이처럼 닮았지. 차이라면 뒷다리가 변한 꼬리지느러미 끝이 매너티는 노처럼 크면서 둥글고 부드럽게 생겼지만, 우리 듀공은 고래처럼 가운데가 움푹 들어간 가늘고 날렵한 반달 모양이라는 정도야. 우리 듀공은 호주 연안 바다에만 몰려 있는데, 매너티는 아마존 강, 아프리카, 서인도 제도(카리브 해 연안)의 강이나 바다, 바다와 강이 만나는 강 하구 같은 곳에도 살기 때문에 우리에 비해 분포 지역이 비교적 넓은 편이지.

우리 듀공은 다 자라면 길이가 보통 3m 정도 되고, 몸무게는 300kg 정도 나가는 거의 큰 송아지 크기야. 풀을 먹고 소화시키려면 코끼리나 하마처럼 몸집이 커야 하기 때문에, 우리 큰 모습은 자연스러운 거야. 새끼는 드물게 3년~7년 주기로 한 마리씩만 낳아서 키워. 무리 생활보다는 두세 마리, 아니면 단독 생활을 더 즐기는 고독을 사랑하는 동물이야. 낮에는 조용히 물속에서 쉬고 있다가 밤이 되면 비로소 조심스럽게 활동을 시작하지. 활동이라고 해 봤자, 주로 수초를 뜯어 먹으면서 주변을 조금씩 헤엄쳐 다니는 게 전부야. 코는 크지만 눈이 작고, 귀는 아예 귓바퀴조차 없이 구멍만 나 있어서 좀 둔하다는 인상을 줘. 하지만 그게 또 우리만의 독특하고 귀여운 매력 포인트이기도 하지.

요즈음 와서 우리에게는 또 새로운 간접적 위험들이 생겨나

듀공과 빨판상어들

기 시작했어. 바로 모터를 단 배들과 낚시꾼, 그리고 거대한 그물들이야. 다 사람이 만들고 이용하는 것들이지. 아무것도 모르고 헤엄치다 모터보트 스크루에 감겨서 죽기도 하고, 낚싯바늘을 삼키거나 그물에 걸려 죽는 일도 다반사로 일어나고 있어. 정말 작은 낚싯바늘 하나가 이렇게 덩치 큰 우리 생명을 빼앗을 수 있다니, 여러분은 상상이나 하겠어? 이것이 바로 사람은 아예 모르거나, 알면서도 외면하는, 우리가 살고 있는 위험천만한 세상이야.

우리 중 아주 적은 무리가 일본 오키나와 산호초 주변에서 살

듀공과 닮은꼴 매너티

고 있는데, 여기에다 미군이 해군 기지를 건설하려고 하나 봐. 그곳에서 원래부터 터를 잡고 우리와 사이좋게 살던 원주민들이 우리 듀공과 서식지를 보호해 달라고 기지 건설 반대 운동을 하고 있어. 힘이 있는 한쪽에선 끊임없이 파괴하려 하고 힘없는 사람들은 오히려 그걸 말리는 일들이 끝없이 벌어지는 게, 우리로선 도저히 상상도 이해할 수도 없는 인간 세상이야. 우리 천적들로는 기본적으로 범고래, 상어, 악어가 있는데, 물론 위험하긴 하지만 우리를 주식으로는 삼지 않으니 얼마든지 피해가면서 살 수 있어. 하지만 사람은 달라. 끊임없이 우리 삶의 터전을 빼앗고 위협하거든.

우린 멸종에 저항해 스스로 싸울 능력도 없고, 멸종의 위협을 피해서 달아날 곳도 더 이상 남아 있지 않아. 말 그대로 벼랑 끝에 선 상태지. 이제 마지막 남은 건, 우릴 공격하던 사람들이 기적처럼 공격을 멈추고 그냥 그대로 살 수 있게 우릴 놓아두는 것뿐이야. 우리에게 간섭받지 않을 조그만 삶의 터전을 제공해 주고, 제발 더 이상 관심조차 갖지 않았으면 해. 그러면 전설 속 인어 같은 바다의 신비함을 간직한 우리 듀공과 매너티는 일생에 한 번쯤은 꼭 만나 보고 싶은 진귀한 보물이 되어 있을 거야!

듀공
dugong

학명 Dugong dugon

분류 척추동물 〉 포유강 〉 바다소 목 〉 듀공과 〉 듀공 속

멸종 위기 등급 IUCN Red List 취약(VU), CITES 부속서 I

야생 개체 수 측정 불가 (일본 오키나와 부근에는 50마리 정도 서식)

사는 곳 아시아 (필리핀, 일본), 아프리카, 호주

수명 50년~70년

먹이 초식 (물풀)

출산 임신 기간은 365일로 1마리 출산한다. 젖꼭지 두 개가 앞지느러미 발 겨드랑이 사이에 있어서, 물속에 서서 새끼를 안듯이 하고 젖을 먹인다.

Tip

1. 인어라 불리는 동물 두 종은?

듀공과 매너티.

2. 듀공과 매너티의 차이는?

뒷다리가 변한 꼬리지느러미 모양이 듀공은 고래처럼 수평 반달 모양, 매너티는 수평 둥근 모양.

3. 이미 멸종한 듀공 종류는?

스텔러 바다소.

부록 – 멸종 위기 동물을 규정, 보호, 규제하는 국제기구들

※ **IUCN (1948년 세계의 자원과 자연 보호를 위해 설립한 세계 최대 규모의 환경 보호 관련 국제기구)** 국제 자연 보호 연맹 (International Union for Conservation of Nature and Natural Resources)의 약자. 멸종 위기에 처한 각종 희귀 동식물 목록인 Red List에서는 취약(VU), 위기(EN), 위급(CR)의 세 분류를 '멸종 우려(Threarened)'로 분류, 중점 관리하고 있다.

- Red List 위기 등급 분류(2~3년 마다 갱신)

  NE(평가 전), DD(자료 부족), LC(관심 필요), NT(위기 근접), VU(취약종), EN(멸종 위기), CR(심각한 위기), EW(자생지 멸종), EX(절멸)

※ **CITES (1973년 설립한 여러 정부 간의 자연 보전 합의체)** 멸종 위기에 처한 야생 동식물의 국제 거래에 관한 협약(Convention on International Trade in Endangered Species of Wild Fauna and Flora)의 약자. 이는 국제 간 거래를 규제함으로써 야생 동식물을 보호하기 위함이다. 여러 보호 종들이 다음 부속서에 수록되어 있다.

- 부속서 Ⅰ 멸종 위기에 처해 있으므로, 상업적 목적을 위한 국제 거래 금지
- 부속서 Ⅱ 현재는 멸종 위기에 처해 있지 않으나, 그런 결과를 방지하기 위해 국제 거래를 엄격하게 규제
- 부속서 Ⅲ 지역적으로 보호되지만, 거래 규제를 위해 국제 간 협력 요구

※ WWF(1961년 설립한 국제 민간 환경 보호 단체) 세계 자연 기금(World Wide Fund for Nature)의 약자. 세계 야생 생물 기금(World Wildlife Fund)으로 시작하였으나 이후 명칭을 변경하였다. 인간과 자연의 공존이 궁극적인 목적이며, 기부금을 모아 자연 보호 활동을 전개하고 있다. '생물 다양성 보전, 자원의 지속 가능한 이용 추진, 환경 오염과 자원 및 에너지의 낭비 방지'를 3대 사명으로 삼고 있다.

우리가 사랑하는 **멸종 위기 동물들**

초판	1쇄 발행 2018년 6월 29일
초판	2쇄 발행 2019년 6월 1일

지은이	최종욱
그린이	정다희
펴낸이	김경옥
펴낸곳	(주)아롬주니어
마케팅	서정원
출판등록번호	제406-4060000251002006000051호
주소	경기도 파주시 문발로 405, 204호
	서울특별시 마포구 월드컵북로 162-4 1층(편집부)
전화	031.932.6777(본사) 02.326.4200(편집부)
팩스	02.336.6738
이메일	aromju@hanmail.net
ISBN	978-89-93179-74-3 73490

ⓒ 최종욱·정다희 2018

저작권법에 의해 보호를 받는 저작물이므로 이 책 내용의 일부 또는 전부를 재사용하려면 반드시 저작권자와 (주)아롬주니어 양측의 서면 동의를 얻어야 합니다.

사진 출처 - 123rf/Wikipedia

이 도서의 국립중앙도서관 출판시도서목록(CIP)은 서지정보유통지원시스템 홈페이지(http://seoji.nl.go.kr)와 국가자료공동목록시스템(http://www.nl.go.kr/kolisnet)에서 이용하실 수 있습니다.(CIP제어번호:CIP2018019380)